웹소설처럼 만들고
에르메스처럼 팔다

# 웹소설처럼 만들고

The
easiest
**branding**
**lecture**

|

**박소현** 지음

# 에르메스처럼 팔다

세상에서 가장 쉬운 브랜드 수업

# 브랜드,
# 살짝 친절한 대화

**"브랜드···, 이거 어쩌지?"**

한때, 비 오는 날 세차하는 사람처럼 혼자 궁시렁거렸던 말이다.

대학원에 패션을 배우러 갔더니 난데없이 브랜드를 대학원 전공과목으로 들어야 했던 때였다. 지도교수님이 두께가 5cm쯤 되는 케빈 레인 켈러의 『브랜드 매니지먼트』 책을 번역하고 출판도 한 이상민 대표님을 대학원의 브랜드 강의의 강사님으로 모셔 왔다. 이어서 줄줄이 브랜드 학계의 석학이라 불리는 데이비드 아커, 장 노엘 캐퍼러의 두꺼운 번역서를 사야 하는 과목들이 개설되었고, 장마철에 세차를 하는 기분에 휩싸였다.

## "패션위크 돌며 옷 만들기도 바쁜데, 엄브렐라 브랜드가 뭐? 하⋯."

대학원이 군대인 양 버티며 묵묵히 박사까지 패션과는 사돈의 팔촌 같은 브랜드를 배우며 패션을 전공했다. 아이러니하게도 툴툴거리며 배웠던 브랜드는 예기치 않은 수많은 변화 속에서 나를 패션 +a의 인물로 평가받는 의사결정을 하게 해주었다.

엄브렐라라는 표현처럼 브랜드를 안다는 건 언제 내릴지 모르는 소나기같이 예기치 못한 시장의 변화라는 빗줄기를 피할 방향을 가르키는 나침반과 같기 때문이다.

제품 디자인보다는 유행이 획획 바뀌는 패션을 전공했고, 소비자로 뭉뚱그려지지 않는 각양각색의 고객을 피부로 대하며, 박카스를 사 들고 공장을 전전하며 먼짓밥을 먹고, 신진 디자이너 브랜드를 운영했던 패션 디자이너이자 박 사장이었던 내게, 브랜드는 그랬다.

박사를 따고, 대학 강단에 서고, MBA를 하고, 신문사에 칼럼을 쓰고, 브랜드 컨설팅을 하고, 책을 낼 때에도 브랜드는 내게 그랬다. 지금은 한층 더 브랜드와 친밀해졌고, 그 밀도는 사돈의 팔촌이 아니라 잃어버린 형제를 찾은 듯 치밀해졌다.

이쯤 되니 어떻게 해야 쓸모가 많은 브랜드라는 나침반 보는 법을 궁시렁거리지 않고 배울 수 있게, 좀 더 친절하게 알려 줄 수 없는지를 생각해 보게 되었다. 하지만 생각을 글로 또 책으로 엮기란 쉽지 않았다. 그때 누군가 농담 반 진담 반으로 툭 내던졌던 질문과 그 당시 응수했던 나의 답에서 실마리를 찾았다.

**"요즘에 브랜드는 도대체 어떻게 만들고 팔아야 하는 걸까?"**
**"웹소설처럼 만들고 에르메스처럼 팔아야지!"**

말하고 보니 어디선가 들었던 카피였다.

톰 어새커(Tom Asacker)가 2005년의 시류와 맥락을 담아 출간한 『아이팟처럼 만들고 구글처럼 팔아라』가 장기 기억을 관장하는 측두엽 어딘가에 있다가 툭하고 내 방식으로 튀어나온 것이다.

소설처럼, 선후배나 멘토와 멘티의 대화처럼 브랜드를 묻고 답하면?

저 먼 별 같은 해외 것보다 한국 브랜드나 그 창업자 위주로 상황을 비춰 볼 사례라면?

브랜드 배울 때 궁시렁거리던 궁금증을 차 떼고 포 떼고 나침반이 될 설명만 더하면?

브랜드를 만병통치약 취급하지 않으면서 MBA나 인문학적 이야기를 곁들이면?

**"어떨까?"**

이렇게 하니 브랜드에 관한 멋진 방법론이나 거창한 모델에 대한 설명은 적어지고 국내외 기업, 경영 전략, 인문학에서 웹소설과 게임 이야기까지 이어졌다. 다행스러운 건 중구난방 같은 이 모든 사례를 브랜드로 아우를 수 있다는 점이었다.

**모든 이름 있는 것이 브랜드는 아니지만,**
**이름이 난 모든 것은 브랜드가 되기 때문이다.**

이렇게 책을 이끌어 간 이유는 하나다.

ChatGPT부터 소셜 미디어까지 잘 정리된 읽을거리와 각 업계의 전문가 노하우를 무상으로 접할 수 있는 기버 콘텐츠(Giver Contents)가 넘쳐나는 이 시대 때문이다. 집중할 만한 재미와 지식을 쉽게 풀어서 쓰게 되는 대화문이 아니면… 마케팅의 정수이자 결정체 같은 이 복잡 미묘한 브랜드라는 것을 친절하게 또, 쉽게 글로 알려 줄 자신이 없었다.

덕분에 나침반이 달린 우산처럼 다소 우스꽝스럽고 주먹구구 같은 형식의 브랜드 책이 되었다. 그래도 브랜드와 한달살이 하는 기분으로 짧은 커피 챗(Chat)처럼, ChatGPT와 프롬프트로 주거니 받거니 하는 것 같은 글을 읽다 보면 브랜드가 조금이나마 친숙하게 느껴질 것이다.

브랜드를 멘토와 멘티의 대화체로 보다 보면…

**폭우의 빗줄기 사이에서도**

**마른 틈을 찾아낼**

**자신만의 시야에 첫 눈을 뜨게 될 것이다.**


이건 브랜드가 가진 우산 같은 본질의 힘이다.

이야기에 깊이를 주기 위해 모든 브랜드의 사용자인 인간의 본질을 탐구하고 꿰뚫어 보던 화가, 철학가, 시인의 말도 곁들였다.


그중에서도 빈센트 반 고흐(Vincent van Gogh)의 잘 알려지지 않은 그림과 이야기를 이 브랜드 책의 중심에 두었다. 이왕지사 브랜드를 멘토와 멘티가 등장하는 소설의 형식을 빌려서 소개한다면? 멘토와 멘티의 대화로 풀어내는 브랜드가, 고흐같이 무한한 가능성을 가지고 있는 이들에게 그의 열렬한 지지자이자 유능한 미술상이었던 동생 테오처럼 따뜻하게 느껴지길 바라서이다.


부디 이 책이 '따뜻한 현대 힐링물, 브랜드 사례분석 학습 소설'이라고 불리길 빈다.

# Ⅱ 브랜드, 경험하다

# Ⅲ 브랜드, 피어나다

등장인물 ···▶

## 이강준 주임
### 29살을 몇 달 앞둔 28살, 할 말은 하는 스타일

이강준은 남중, 남고, 공대 출신의 지방러이자, 자동차 기업에 부품을 납품하는 회사에 다니는 이주임이다.

그는 저 나이대에 한 번씩 걸리는 퇴사병, 창업병, 귀촌병, MBA병, 해외 취업병, 유학병에 복합적으로 걸려 휴직계를 냈다. 그는 무난한 보통의 삶을 사는 듯하지만, 사실 요즘 그는 토스트아웃 (Toast out, 번아웃 오기 전 마음이 서서히 타들어 간다는 신조어) 상태다.

그의 상태에는 이유가 있다. 강준의 연인은 새로운 삶을 살겠다며 이별을 고하고 워킹 홀리데이를 떠났다. 고등학교 절친은 귀농을, 대학교 절친은 유학을 갔다. 회사가 모회사에서 분사하면서 늘어난 업무에 매달리다 보니 혼자 덩그러니 서울에 남아 버렸다. 평소 좋아하던 커피를 배우며 근근이 버티다 도저히 안 되겠어서 휴직계를 냈다.

이강준은 고향으로 돌아가 잔소리를 듣느니, 아름다운 바다와 커피로 유명한 은해군에 '한달살이'를 하러 내려온다. 은해군에서 우연히 만난 왕년의 경영 베스트셀러 작가인 박상림 교수를 도와 빈센츠 카페에서 일하며 브랜드 커피챗을 하게 된다.

## 박상림 작가
### 딱 40대 중반인 46살, 갈피를 잡지 못하는 작가이자 교수

박상림은 그림을 그리는 어머니와 재테크에 밝은 회사원 아버지 덕분에 일찍이 유학해 경영대 대학원(MBA) 교수가 된 엘리트이다. 사랑하는 아내와 사춘기 딸이 있다.

40대의 박상림 작가는 위태롭다. 일찍이 '브랜드 베스트셀러'를 출간해 교수로서 탄탄대로를 달릴 줄로만 알았는데 어째… 그가 그다음에 낸 책들이 몇 년째 영 신통치가 않다. 연구도 지지부진해서 학교에 휴직계를 내고 어머니의 작업실 겸 카페가 있는 은해군에 집필을 하러 내려온다.

그가 돌파구를 찾아 내려온 날! 다친 어머니를 도와준 이강준을 만나 갑자기 빈센츠 카페를 떠안게 되면서, 박상림 작가의 집필 생활은 전혀 다른 국면에 접어든다.

# I

## 브랜드,
## 부딪치다

# 브랜드는
# 빅뱅이자 우산

여름이 시작될 무렵, 휴가 대신 휴직을 했다.

인간 이강준에게 작년 여름은 혼자의 시작이었다. 나의 연인은 그저 그런 사람으로 살아야 하는 한국이 싫다며 워킹 홀리데이를 갔다. 같은 지방러였던 고등학교 절친은 서울이 싫다며 결국 귀농을 택했다. 대학교 절친은 해외 취업을 꿈꾸며 유학길에 올랐다. 내 인생의 가장 소중한 3명이 그들의 인생을 살고자 서울을, 나를, 떠났다.

이강준 주임으로서는 다니던 자동차 부품 회사가 본사에서 분사하면서 맡은 업무가 늘어나 일에만 매달렸다. 일만 하고 사는 것 같아서 좋아하던 커피를 배웠지만, 공허함을 채우진 못했다. 번아웃(Burn out)의 전 단계인 토스트아웃(Toast out)이 고개를 드밀었다. 몸도 마음도 피곤하고 무기력했다. 올해 봄, 바리스타 자격증이 나올 즈음이 되자 토스트아웃이 번아웃이 될 것 같았다. 퇴사를 고민했지만, 유료로 숨을 쉬는 지방러에겐 안 될 말이었다. 휴직을 결정하고 고향에 가려다가 부모님 잔소리에 질식할 것만 같아서 발길을 잡는 커피향, 녹빛 들판, 유리알 같은 바다로 유명한 은해군에 한달살이를 하러 내려왔다.

백수 이강준! 주말에 은해군에 내려와 휴직한 첫 월요일부터 갑자기! 얄으막한 녹음(綠陰) 사이 우뚝 솟은 브론즈 빛 블록 같은 모습으로 은해군에서 나름 유명한 빈센츠 카페(Vincents Cafe)의 하나뿐인 바리스타로 취직했다.

빈센츠 카페의 뜻은 화가 빈센트 반 고흐를 좋아하는 이 카페의 주인 어르신이 고흐의 고향인 네덜란드어로 '빈센트의 카페'를 표현한 것이다. 카페는 유명세에 비해 무척 한가롭다. 휴일은 매주 수요일과 주말, 영업은 오후 1시 30분부터 오후 5시 30분까지다. 카페는 은해군의 바다와 들판을 볼 수 있는 최적의 장소에 있다. 적당히 여유로운 아침 시간과 은해군의 풍광을 즐길 오후가 있는 널널한 카페의 바리스타라니 거절할 이유가 없었다.

더욱이 이 카페의 주인 어르신은 내가 대학 때 빠져들었던 '브랜드 베스트셀러'의 박상림 교수님의 어머니이시다. 나는 갑자기 다친 어르신의 대타로 바리스타이자 박상림 교수님에게 핸드드립 커피 내리는 법을 알려 주는 커피 선생님도 하게 되었다.

박 교수님은 나를 카페에 영입하려고, 내가 '아니면 말고' 하는 마음으로 제안한 브랜드를 알려 달라는 커피챗(chat)도 받아 주셨다. 나의 브랜드 멘토가 되어 주신 거다. 오늘 온 빈센츠 카페의 바리스타로서의 첫 출근이자, 박상림 교수님과 하는 브랜드 커피챗의 첫날이다.


## ▌ Brand, coffee chat ▌

강준: 교수님, 여기 예멘 모카 마타리 커피요.

브랜드 커피챗에 응해 주셔서 감사합니다. 교수님 책을 열심히 읽었지만, 태생이 공돌이라 헷갈리는 게 있습니다. 제품 이름도 브랜드라고 하고, 기업 이름도 브랜드처럼 쓰잖아요? 그럼, 이름이 있는 건 다 브랜드인가요?

작가: 아. 음, 고마워요! 강준 씨가 이해하기 쉬우려면…
(턱을 만지작거리며) 혹시, 빅뱅이라는 그룹 알아요? 나 때는 엄청 인기 있었는데.

강준: 에이! 빅뱅 모르는 사람이 어딨어요. 당연히 알죠.

작가: 강준 씨, 그럼 이렇게 생각해 봐요. '브랜드는 빅뱅이다.' 이렇게요.

빅뱅이 브랜드 이름이라면? 빅뱅이 브랜드라면? 빅뱅의 음악이 담긴 신규 앨범은 빅뱅이란 브랜드가 출시한 신상 제품의 라인업인 거죠. 같은 라인으로 신상이 여러 개 나와도 인기 있는 게 따로 있잖아요? 빅뱅은 가수니깐 인기 끌 신상을 대표곡으로 지정해서 발표하겠죠. 보통 대표곡은 뮤직비디오를 제작하는데 그건 빅뱅이라는 이름의 브랜드에 공식 광고이자 이번 신상의 광고라고 볼 수 있죠.

강준: 아!

작가: 빅뱅이라는 브랜드가 잘 되면, 빅뱅을 우산처럼 써서 라인을 확장할 수도 있어요.

이렇게 되면 빅뱅은 엄브렐라 브랜드가 되죠.

왜~ 베이직한 패션 브랜드가 장사가 잘 되면 원래 만들던 스포티한 옷 비중을 늘려서 스포츠 라인도 만들고 운동화 라인업을 확장하는 것처럼요. 빅뱅도 그렇게 원년 멤버인 지 드래곤 씨, 대성 씨를 각자 멋진 독립된 브랜드로 데뷔시켰잖아요.

빅뱅이란 큰 우산의 후광으로 지 드래곤 씨와 대성 씨는 신규 브랜드로서 좀 더 쉽게 대중에게 안착할 수 있었을 거예요. '빅뱅의 음악은 좋다', '빅뱅은 새롭고 멋있다'라는 인상이 있으니, 지 드래곤 씨나 대성씨의 신곡이 좋을지 성공할지에 대한 의심이 다른 신인에 비해서 적을 수밖에 없죠.

물론 빅뱅에 대한 기대감을 충족시켜야 한다는 부담감은 있어요. 그래도 일정 수준의 팬층을 확보하고 시작할 수 있으니, 보통의 신인보다는 강점이 많죠.

강준: 그렇네요. 빅뱅이라는 우산이 대중이라는 소비자의 '새로운 불확실한 것'에 대한이 의심을 막아 주겠네요.

작가: 맞아요. 또, 빅뱅을 좋아하는 사람은 독립한 지 드래곤 씨도 대성 씨도 좋아할 가능성이 높아요. 빅뱅의 앨범을 사던 팬은 지 드래곤 씨나 대성 씨의 콘텐츠를 소비할 가능성도 높죠. 팬을 실망하게 하는 일이 없다는 전제하예요.

아! 빅뱅 스타일이 안 맞던 사람도 별개의 브랜드인 지 드래곤 씨나 대성 씨는 좋아할 수도 있어요. 어떤 경우이든 모회사인 YG 입장에서는 시장이 넓어지게 되는 거죠.

강준: 예를 들면요?

작가: 빅뱅의 대성 씨를 예로 들어 볼게요.

60대~70대 분들 중에 빅뱅의 '거짓말'을 즐겨 듣고 노래방에서 부르는 분은 젊은 세대보다 적을 거예요. 하지만 대성 씨의 트로트 곡인 '날 봐, 귀순'은 저 나이대 분들이 좀 더 편하게 접하고 즐기고 노래방에서 부르실 수도 있죠.

강준: 아! 확실히 그런 것 같아요.

작가: 기업으로서 빅뱅 같은 엄브렐라 브랜드가 있으면 신규 브랜드를 내는 데 큰 도움이 돼요. 빅뱅의 후광효과와 빅뱅의 성공 시나리오를 다른 데 접목할 수 있거든요. 강준 씨, 혹시 2NE1 알아요? 2NE1이 처음 나왔을 때는 '여자 빅뱅'이라고 했었어요.

강준: 네? 그래요? 2NE1은 아는데 그건 몰랐어요!

작가: 2NE1은 YG의 빅뱅이라는 엄브렐라 브랜드 덕에 대중에게 좀 더 쉽게 안착할 수 있었어요. YG는 2NE1이 성공하면서 쌓은 노하우로 블랙 핑크도 만들 수 있었을 거예요.

강준: 아~ 그럼, 역시 이름이 있는 모든 건 브랜드인가요? YG도 브랜드예요?

작가: 음. 그 이름에 가치가 있다면요. 빅뱅의 기획사가 YG잖

아요. YG를 브랜드로 볼 수도 있지만, 대중에게 YG는 브랜드보다는 기업명의 느낌일 거예요.

강준: 맞아요. 전 빅뱅 팬이고, 2NE1도 블랙 핑크도 좋아해요. 하지만 YG는 그런 느낌이 아니에요. YG라는 기업의 능력은 신뢰하지만, 팬으로서 좋아한다는 느낌과는 달라요.

작가: 강준 씨 말에 답이 있어요. 우리는 팬 역할을 하는 소비자가 있는 걸 브랜드라고 봐요.

기업의 주식을 사는 투자자를 소비자로 볼 수도 있지만… 팬과는 다르죠. 빅뱅을 만든 YG 기업의 능력을 신뢰해서 주주가 되는 건 YG 기업의 팬이 됐다고 하기 어려워요. 그렇게 보려면 YG 주주총회 때 YG 기업의 팬이 밖에 줄 서 있어야 하지 않겠어요?

강준: 아! 그렇네요.

작가: YG의 주식을 사는 빅뱅의 팬도 있겠지만, 그건 팬심의 또 다른 발현일 거예요. 아마 팬이 아닌 분들도 지 드래곤 씨나 대성 씨, 혹은 빅뱅이란 이름만 뉴스 기사에 나와도 클릭해 볼 거예요. 그들이란 브랜드를 잘 알고 호감이 있고 추억이 있으니까요.

그게 바로 브랜드 이름값이자 사람을 움직이게 하는 브랜드의 가치이죠.

강준: 맞아요. 맞아!

작가: 브랜드가 그 브랜드의 이름값만으로 팬 같은 소비자를 움직인다면? 성공한 네임(이름) 밸류 있는 브랜드인 거죠. 물론 이걸 모든 브랜드에 대입할 수는 없겠지만…

브랜드 이름, 기업 이름, 제품 이름을 브랜드 개념과 구분하고 엄브렐라 브랜드를 머릿속에 그리는 데는 도움이 될 거예요. '브랜드는 빅뱅이자 우산이다'라고 생각해 줘요.

강준: 와! 교수님 감사합니다. 음… 이름이 있다고 다 브랜드가 되는 건 아니다. 이름값을 해야 브랜드라고 할 수 있고, 브랜드 이름값의 가치가 커지면 기업 내의 엄브렐라 브랜드가 될 수 있다. 이렇게 이해해도 될까요?

작가: 그렇죠. 강준 씨는 정리를 잘 하네요. 그런데 호칭은 작가님으로 해주면 안 될까요?

교수님이라고 하면 빅뱅 같은 이야기보다 이론을 말해야 할 것 같아서요.

강준: 아! 넵, 작가님.

### 초록색 밀밭, 오베르

Green Wheat Fields, Auvers, 1890
빈센트 반 고흐(Vincent van Gogh)

고흐는 프랑스 북서의 오베르(Auvers)에서 죽기 몇 주 전에
이 그림을 그렸다고 전해진다.
그는 치료를 위해 온 이곳의 풍광을 70일간 여인숙에 머물며 많이도 남겼다.

그중에서도 이 작품은 푸른 하늘과 초록의 밀밭에 부는 바람이
고흐 특유의 붓 터치와 함께 맑고 청아한 색감으로 표현된 수작이다.

고흐가 당시 머물렀던 여인숙은 현재 반 고흐의 집(Maison de van Gogh)이 되어
그가 오베르에서 그렸던 작품이 전시되어 있다.
현재 오베르에는 고흐와 그의 동생인 테오가 잠든 공동묘지가 있다.

# 딱 맞는
# 브랜드 관리

출근 둘째 날이다. 빈센츠 카페가 있는 얕은 오르막길을 자전거로 가다 보니 어제 오후의 일이 떠올랐다. 그날 나는 은해군의 산 중턱을 따라 자전거를 타고 신나게 내려오던 중에 한 할머니가 내리막길에서 놓친 장바구니 카트를 쫓아가다 넘어지는 걸 보곤 달려갔었다.

**"(카트를 잡으려 손을 뻗으며) 어, 어, 엇! 으아악! (철푸덕)"**
**"(자전거에서 내리며) 괜찮으세요?"**

할머니는 팔을 다치신 듯했다. 근처에 있다는 남편분께 전화를 걸자 10m 남짓 아래의 갤러리 카페에서 남편분이 헐레벌떡 뛰어 올라오셨다. 할머니 팔 상태를 본 남편분은 나에게 아들이 올 때까지만 카페를 봐달라 사정하시곤 할머니와 병원으로 향하셨다.

뭐에 홀린 듯이 카페에 들어가니 멋진 그림과 탁 트인 바다가 보였다. 넋을 놓고 바다를 본 지 얼마 안 되어서 할머니의 아들로 보이는 중년 남성이 헐레벌떡 카페로 뛰어 들어왔다.

그는 박상림 교수님 아니 작가님이었다. 신발을 짝짝이로 신은 상태였고, 며칠은 잠을 못 잔 듯 퀭한 얼굴엔 베개 자국이 나 있었다. 자다 말고 나온 모양이었다. 아마 그 모습이 아니었다면 한달살이를 하러 온 은해군에서 이렇게 바로 바리스타를 하고 있진 않았을 거다.

박 작가님과 겨우 통성명만 했을 때, 갑자기 카페에 손님들이 몰아쳤다. 전날 밤에 은해군에 도착한 박 작가님은 핸드드립의 'ㅎ'자도 몰라 우왕좌왕하셨다. 그때 나도 모르게 몸을 움직여 커피를 내렸다. 이렇게 되려고 그랬는지 마침 카페 일할 때 필요한 보건증도 가지고 있어서 그럴 수 있었다.

손님들이 썰물처럼 빠져나가자, 작가님은 내게 카페에서 바리스타로 일해 달라고 사정하셨다. 난 언제 '브랜드 베스트셀러' 작가님과 연을 틀까, 싶어서 조금은 당돌하게 브랜드 커피챗을 제안드렸고 작가님은 흔쾌히 응해 주셨다. 나는 감사한 마음에 작가님의 커피 선생님을 자처했다.

어제 오후를 생각하며 은해군의 들판을 달려가다 보니 벌써 카페다. 카페 유리 벽으로 박 작가님이 커피를 내리는 게 언뜻 보였다. '딸랑'하는 문소리를 내며 들어갔다.


## ▌ Brand, coffee chat ▐

작가: 왔어요? (조심스레) 어제 강준 씨가 가르쳐 준 대로 아이스 커피 내렸는데 먹어 봐요.

강준: 네, 감사합니다. (맛을 보며) 어! 맛있는데요? 근데 이건 얼음도 커피로 만드셨네요?

작가: 맞아요. 아이스 커피를 먹을 때면 얼음이 녹으면서 커피가 묽어지는 게 싫어서… 이렇게 해봤어요.
아직 손님도 없는데 '브랜드 커피챗' 바로 할래요?

강준: 작가님, 음…제가 사실 토스트아웃이 와서 휴직계를 한 달 내고 은해군에 내려왔어요. 지금 휴직 중인 회사가 OO 자동차 회사에서 작년에 분사하면서 독립된 B2B(Business-to-Business) 기업으로 바뀌었어요.

처음에는 이직할까, 했는데 바로 주임도 되고 급여도 올라서 남았죠. 원래는 본사 요청 건만 했었는데 이제는 본사와 B2B 관계니 독립적으로 영업도 수출도 해야 한대요. 그러더니 브랜드 관리를 해야 한다고 하는데….

작가: 네.

강준: 어제 작가님 말을 듣고 생각해 봤어요. 제가 복직하면요, 브랜드 관리를 위해서 유튜브 콘텐츠도 만들고 팝업도 하고 기업용 인스타그램 툰(만화)도 제작하고 그래야 할까요?

작가: 음~, B2B 회사라고 했죠? 이 모델을 한번 볼래요? 원래 이렇게 쓰는 게 아니긴 한데….

표 위의 맨 오른쪽에 있는 '브랜드 가치 만들기'를 보고요. 그 이미지 중에서 강준 씨네 회사가 기존에 하던 B2B와 비슷한 그림을 찾아봐요.

강준: 어. 음. 그림으로만 보면 3번의 소비자 기반 접근인 것 같아요. 본사인 자동차 회사가 요청하는 것만 만들었으니까요. 이제 저희가 먼저 물건을 만들어서 국내외에 팔려고 하는 거니깐? 그림으로는 4번이나 5번인데, 명칭으로는 브랜드 관계적 접근에 가까운 것 같아요. 부품은 신뢰 관계가 제일 중요하니까요.

작가: 음. 그럼, 강준 씨가 말한 유튜브 콘텐츠나 기업 인스타 그램 툰(만화)은 몇 번 같아요?

강준: 그건 그냥 딱 봐도 7번. 문화적 접근이죠.

작가: 그럼, 강준 씨네 회사는 유튜브 콘텐츠를 만들 필요가 없는 걸까요?

강준: 음… 와! 이거 뭔가 알 듯하면서 모르겠는데요?

작가: 강준 씨가 했던 말에 답이 있어요. '부품은 신뢰 관계가 제일 중요하다'라고 했잖아요?
회사의 공장 규모와 전문성을 골자로 회사 홍보용 유튜브 콘텐츠를 만드는 건 필요하죠. 외부에 브랜드를 알리기 위해서요. 브랜드 우수성에 대한 동영상 뉴스 자료가 있다면 영어 자막을 달아서 올려도 좋고요. 브랜드 평판이 좋다는 거잖아요?

강준: 아! 그렇네요. 요즘 유튜브로 검색하는 시대고, 저희 회사가 한국의 큰 자동차 회사에 자회사였고 B2B로 납품도 계속하지만? 그것만 보고 저희와 첫 거래를 트긴 좀….

작가: 맞아요. 모든 브랜드가 같은 시대나 시점으로 브랜드 관

| | 브랜드 접근 방식 | 소비자 관점 | 브랜드 가치 만들기 |
|---|---|---|---|
| 1 | 1985년 이전 경제적 접근 | Econimic man 경제인 | Marketer ↓ Consumer |
| 2 | 1990년대 정체성 접근 | Stakeholder 주주 | Marketer ↓ Consumer |
| 3 | 1993년 소비자 기반 접근 | Computer 컴퓨터 | Marketer ↑ Consumer |
| 4 | 1997년 브랜드 성격적 접근 | Psychological 정신분석적 | Marketer ↓ Consumer |
| 5 | 1998년 브랜드 관계적 접근 | Existential being 실존적 존재 | Marketer ↓ Consumer |
| 6 | 2001년 커뮤니티적 접근 | Tribe member 구성원 | Marketer [↔ CULTURE] Consumer |
| 7 | 2000년대 전반 문화적 접근 | Homo mercans 상인(물건 파는) 인간 | Marketer / \ Cons. ←→ Cons. |

Brand Management (2009) Tilde Heding, Charlotte F. Knudtzen and Mogens Bjerre. . Routledge.
Figure 11.1 Taxonomy of brand management 1985-2006 (작가 재정리)

리를 할 필요는 없어요. 전체 소비자를 아우르는 큰 흐름이, 콕 집어서 강준 씨 고객이 원하는 걸 말하는 건 아니니까요. 시류에 편승하되 강준 씨네 회사의 시점에 맞는 브랜드 관리를 하면 돼요. 별거 없어요.

강준: 작가님, 이거 별거예요! 이렇게 표 하나 보고 저처럼 브랜드 하나도 모르는 사람이 한 번에 납득할 수 있게 설명해 주는 거요. 와! 이런 책은 없어요?

작가: (놀란 듯 눈을 꿈뻑이며) 네, 네? 그… 그래요?

강준: 네! 저 같은 브랜드 초보는 이런 책이 있으면 꼭 사볼 것 같아요.

작가: (낯빛이 어두워지며) …네, 생각해 볼게요.
참! 강준 씨, 첫날 설명했지만, 카페가 매주 수요일과 주말에는 쉬어요. 쉬는 날이지만 혹시 카페에서 바다가 보고 싶으면 와요.

강준: 와! 그래도 돼요? 감사합니다. 작가님.

세 번째 날

# 빈센츠 카페의
# 브레드 앤 버터

어젯밤엔 잠을 설쳤다.

첫 번째 이유는 부모님과 통화를 하며 서울에 있는 척을 해서
다. 어차피 30일 딱 채우고 복직할 건데 걱정시키고 싶지 않았다.
그래도 마음이 편치 않은 건 어쩔 수 없었다.

다른 이유는 어제 커피챗을 마칠 때 본 작가님의 낯빛이 첫날
보다 더 어두워졌기 때문이다. 내가 말 실수를 했나 싶었다. 하지
만, 브랜드에 대한 박 작가님의 설명 방식과 예시가 이해하기 쉽고
좋다고 한 것에 무슨 문제가 있는 건지 나로서는 알 수가 없었다.

그렇게 어수선하고 찜찜한 밤을 보냈다.

아침에 일어나니 문득, 핸드드립 커피도 내릴 줄 모르면서 박 상림 작가님은 왜 은해군에 내려오셨을까? 하는 생각이 들었다. 아무리 부모님의 카페라지만 너무 대책 없는 게 아닌가 싶었다. 그러고 보니 대학 때 한창 보던 작가님의 '브랜드 베스트셀러' 이후로 작가님의 책을 사서 본 적이 없단 걸 깨달았다.

최근 작가님의 인터뷰 기사를 보니, 새 책을 위해 교수직도 휴직하고 신간에 매달리고 있다고 나왔다. 기사 사진에서 푸석한 얼굴을 한 박상림 작가님을 보니 왠지 안쓰러웠다.

**'혹시 집필하려고 내려오신 건가?'**

이 생각들이 들자, 첫날 본 박 작가님의 모습이 떠올랐다. 퀭한 눈, 짝짝이 신발… 처음 본 내게 카페에서 일해 달라고 부탁하고, 브랜드를 가르쳐 달라는 다소 무리한 나의 부탁도 들어준 건? 집필 때문에 은해군에 온 것이라, 빈센츠 카페나 커피를 알 필요가 없었던 것이다. 그러면 모든 게 말이 된다.

내가 삼 일째나 돼서 이걸 알아차린 건 박상림 작가님이 핸드드립 커피를 너무 잘 내려서다. "저 이런 거 처음 해봐요. 재밌네요."라고 하셨는데… 초보 바리스타가 커피 선생님을 자청해서 하느라 정신이 없어 흘려들었던 거다.

갑자기 맛있는 커피와 은해군의 바다가 땡겼다. 박 작가님이 카페에 와도 된다고 하셨으니 편하게 카페로 향했다. 카페 입구에 도착하니 날카로운 햇빛이 눈을 벼리듯 내리쬐었다. 한쪽 눈을 찡그리며 하늘을 노려보려던 찰나에 나는 빈센츠 카페에 온 지 3일 만에 카페 간판을 보았다.

Vincents Cafe. 자연 부식되는 동판으로 외벽 상단 전체를 두르고 아주 작게 글자를 음각해 놓았다. 멋스러웠다.

나 원 참! 휴직계 낼 때 본부장님이 나보고 빠릿빠릿하던 녀석이 정신 빠진 놈이 됐다며 쉬면서 정신 되찾아 오라고 하셨는데… 나 진짜 정신 빠진 놈이었다!

덕분에 오늘 박상림 작가님에게 선물하고 싶은 게 떠올랐다. 카페로 들어가 커피를 내리고 바다가 잘 보이는 쪽에 앉았다. 때마침 인기척이 느껴졌다.

### ▮ **Brand, coffee chat** ▮

작가: 어! 강준 씨, 바다 보러 왔어요?

강준: 네, 여기서 보는 바다가 좋아서요. 방금 예멘 모카 마타

리 내렸는데 작가님도 드실래요? 참! 작가님, 제가 어제 한 브랜드 커피챗이 너무 감사해서 그러는데요. 혹시 쿠키 구우세요?

작가: (커피를 받으며) 쿠…키요?
나는 라면밖에 못 끓이는데요?

강준: 아니, 하하! 그 쿠키 말고요. 초록창에서 만화 결제할 때 쓰는 돈을 쿠키라고 해요. 그래서 만화 결제할 때 "쿠키 구웠다"라고 하거든요.

작가: 와… 이런 세대 차이가!

강준: 제가 쿠키 구워서 꼭 선물하고 싶은 만화가 있는데요. 어쩌세요?

작가: 음. 강준 씨 마음은 너무 고마운데요. 사실 내가 새 책을 집필하려고 은해군에 내려온 거라서… 만화 같은 걸 볼 시간이 없어요.

강준: 작가님, 제 이야기 좀 해도 될까요?
(박상림 작가가 고개를 끄덕이자) 작년에 제 인생에서 가장 소중한 3명이 모두 서울을 떠났어요. 사람도 싫고, 일만 많고 그래서 아무

것도 하기 싫더라고요. 올 초엔 핸드폰으로 웹툰만 보고 회사-집, 회사-집을 반복했어요. 그러다가 『브레드 앤 버터』라는 만화를 봤어요. 식욕이 없는데 그날따라 맛있는 빵을 실컷 보고 싶더라고요. 그렇게 별생각 없이 봤는데 맛있는 빵 이야기가 아니었어요.

작가: 'Bread & Butter'가 제목이면 생업이나 밥줄에 대한 거였겠네요?

강준: 와, 역시 작가님! 모르는 게 없으시네요. 『브레드 앤 버터』에는 남녀 주인공 2명이 나오는데요. 둘 다 생업을 너무 열심히 하다가 그 생업에서 벗어나서 문방구에서 빵을 만들면서 생업과 천직에 대한 의미를…

작가: 강준 씨! 말 잘라서 미안해요. 나는 그런 연애 만화를 볼 시간이 없…

강준: 연애가 나오지만! 연애만 있는 만화가 아니에요. 남자 주인공은 천직인 생업을 그만두고, 생업이랑 전혀 다른 빵을 진지하게 구우면서 다시 본업으로 돌아갈 수 있게 돼요. 이때 남자 주인공의 멘토 같은 분이 해준 말이 크게 도움이 돼요.
"열심히 해왔던 일은 그리 쉽게 내 안에서 사라지지 않는 법"이라고 했거든요.

작가: 울림 있는 말이네요. 그래도 나는 집필할 시간도 없…

강준: 작가님, 그럼 글 쓸 시간도 없는데요. 어제는 왜 일찍 나오셔서 핸드드립으로 커피를 내리고 얼음까지 그 커피로 만든 아이스 커피를 하신 거예요?

작가: …

강준: 작가님, 어머니 카페 이름이 빈센츠 카페잖아요. 여기엔 '예멘 모카 마타리'라는 세계 3대 원두가 있고요.

작가: 그래서요?

강준: 반 고흐 그림 중에 해바라기만큼 카페테라스를 그린 그림도 유명해요. 고흐는 커피를 무척 좋아하는 가난한 화가였대요. 동생인 테오가 보내 주는 돈으로 생활하면서 그림을 그리는데, 그림이 안 팔리는 화가라서 돈이 진짜 '없'었대요. 지금 작가님이 집필해야 하는데 시간이 '없'는 것처럼요.

작가: …

강준: 하지만 반 고흐는 그 '없'는 돈으로도 비싼 예멘 모카 마

타리 커피를 마셨다는 썰이 있어요. 어쩌면요. 그 커피 한 잔이 그림이 한 장도 안 팔리는 상황에서도, 고흐가 계속 그림을 그릴 수 있게 해주는 '무언가'이지 않았을까 싶어요.

작가: (강준이 내려 준 예멘 모카 마타리를 한 모금 마시며)
그래서요?

강준: 저는 『브레드 앤 버터』라는 만화가 작가님에게 고흐의 예멘 모카 마타리가 되어 줄 것 같아요. 전 그 만화 덕분에 집중할 것을 찾아서 바리스타 자격증을 땄어요.
남자 주인공이 생업과 인생에 지쳐서 빵을 만들며 회복되어서 다시 천직인 생업으로 돌아갔던 것처럼요. 작가님도 커피를 내리다 보면요. '브랜드 베스트셀러'처럼 멋진 브랜드 책을 또 쓰실 수 있을 것만 같아요. 왜냐면, 작가님이 열심히 해왔던 일은 그리 쉽게 작가님 안에서 사라지지 않았을 테니까요!

작가: (커피잔을 탁하고 내려놓고) 좋아요. 쿠키 구워 줘요!
강준 씨 말을 듣고 깨달은 거지만, 커피 내릴 때 머리가 맑아지는 기분이었어요. 요 몇 년 사이 처음으로요.
오늘 바로 읽어 볼게요.

네 번째 날

# 지금이 쌓인
# 미래

은해군의 네 번째 날이 밝았다. 어제저녁에 작가님과 카페에서 헤어지면서 초록창의 쿠키를 구워 드렸는데…『브레드 앤 버터』를 재밌게 보셨는지 모르겠다.

아침으로 먹을 호밀빵을 토스트기에 넣으려 할 때였다. 박상림 작가님한테 전화가 왔다.

강준: 네~ 작가님.

작가: (목이 잠긴 듯) 크흠.
강준 씨, 나『브레드 앤 버터』방금 다 봤어요.

강준: 네? 설마 밤새신 거예요?

작가: 그게, 중간에 (목이 잠긴 듯) 크흠. 멈출 수가 없더라고요.

강준: 아! 하하. 제가 작가님 취향 저격을 했네요. 그나저나 밤을 새우셨으면….

작가: 그래서 말인데, 미안해요.
(목소리가 갈라지며) 오늘 못 나갈 것 같아요.

강준: (웃음을 참으며) 흡~ 네!
(상림의 퀭한 얼굴을 떠올리며) 저, 작가님. 하루 더 쉬는 건 어떠세요? 카페는 저 혼자도 괜찮을 것 같아서요.

작가: 그래도 돼요? 고마워요. 강준 씨.

강준: 되죠. 작가님! 브랜드 커피챗도 해주시는데 이 정도는 문제없습니다.

작가: 고마워요. 강준 씨.

강준: 얼른 쉬세요.

빈센츠 카페 오픈 시간에 맞춰서 카페 문을 열고 6팀 남짓한 손님을 맞이하고 바다가 아직 푸르를 때 카페 입구에 'Close' 팻말을 걸었다. 그리고 오렌지빛 노을이 바다에 드리우는 멋진 풍광을 온전히 혼자 독차지하며 바라봤다.

문득 혼자지만, '난 지금 행복하다'라는 생각이 들었다. 빈센츠 카페의 사진을 부모님께 보내며 약간의 MSG를 쳐서 말했다. 바리스타 자격증을 땄고 운 좋게 카페에서 한 달 실습을 하게 됐다고 말이다. 그래서 회사는 딱 한 달만 휴직했고 바로 복직한다고도 했다. 부모님은 오히려 "알았다" 하시며 복직 전에 한번 내려오라고만 하셨다. 마음이 깃털처럼 가벼워졌다.

행복해져.

미래가 아닌 '지금'.

'지금'이 쌓여서 미래가 되는 거니까.


(중략)


언젠가 같은 건 오지 않아.

'지금'이 영원히 계속될 뿐이야.


— 故) 아시하라 히나코

(『브레드 앤 버터』, 10권 中)


* 마음속 이야기나 인생과 가족에 관한 성장형 순정 스토리로 유명
한 일본의 만화가

다섯 번째 날

# 메뉴가 이상한
# 카페

"이 카페는 무슨 메뉴가 이래요?
라떼도 없고,
직접 만든 디저트도 하나 없고?"

뎅~ 빈센츠 카페에 처음인 듯한 외지 손님의 평을 듣자, 현실 자각을 위한 경종이 울린 듯했다. 손님 말이 100번 생각해도 1000번 맞지만, 맞장구를 치긴 애매했다.

솔직히 빈센츠 카페의 메뉴는 이상하리만치 단출했다.
동공이 흔들리던 그때 카운터 안쪽에 정갈한 글씨로 쓴 메모

# [ Vincents Cafe ]

| hand drip COFFEE | Hot/Ice | TEA | Hot/Ice |
|---|---|---|---|
| 오늘의 커피 | 5.0 / 5.5 | 마리아쥬 마르코폴로(홍차) | 5.0 / 5.5 |
| 예멘 모카 마타리 | 5.0 / 5.5 | 보성 녹차 | 4.5 / 5.5 |
| | | 트와이닝 카모마일 | 4.5 / 5.5 |

| Others | Ice only | Desserts | |
|---|---|---|---|
| 탄산수 | 4.0 | 버터/초코칩 쿠키 | 3.0 |
| 콜라 | 4.0 | 건강 견과류 1 봉 | 2.0 |

빈센츠 카페는 핸드드립 전문점입니다.
반 고흐가 사랑했던 세계 3대 원두 '예멘 모카 마타리'를
은해군의 바다와 함께 즐겨 주시길 바랍니다.

가 보였다. 이런 손님 질문에 응대하기 위한 메모인 듯했다.

입사 면접 준비하던 짬밥으로 아무렇지 않은 듯 그 메모를 부
드럽게 읽어 나갔다.

"빈센츠 카페 메뉴가 좀 단출하죠?

죄송합니다.

여긴 한 층 아래, 화가의 작업실이 메인이라서 키친이 작아요.
그래서 기성품 디저트 중에서 맛있고 좋은 것을 마련했습니다.

빈센츠 카페는 조용히 바다를 감상하는 무드를 지향해서,
시끄러운 에스프레소 머신을 놓지 않아서…
라떼를 맛있게 해드릴 수가 없습니다.
대신에 핸드드립 커피를 정성스레 내려 드립니다."

그러자 손님은 납득한 듯이 "그래요?" 하더니 메뉴판의 버터
쿠키 한 봉, 오늘의 커피 한 잔, 예멘 모카 마타리 한 잔을 선택해
시키곤 일행이 있는 자리로 돌아갔다.

빈약하다고 느껴질 정도의 카페 메뉴, 띄엄띄엄 놓인 4개뿐인
테이블, 2자리뿐인 바 테이블. 그래서 나도 모르게 작가님과 아침
에 통화하면서 "카페는 저 혼자도 괜찮아요"라고, 말했나 보다.

어제와 오늘 빈센츠 카페에 온 손님은 총 13팀이었다. 여긴 주
차도 할 수 없고, 메뉴도 내가 집에서 만들어 먹는 커피 가짓수보

다 적다.

더군다나 빈센츠 카페는 일주일에 4일 월, 화, 목, 금만 연다. 카페 오픈 시간도 오후 1시 30분부터 5시 30분까지, 하루 딱 4시 간만 영업을 한다.

그나마 장점이 있다면 서울에서 SRT를 타고 1시간이면 은해 군에 도착한다는 것이다.

SRT 은해역에서 마을버스로 10분이면 빈센츠 카페 조금 아래 에 있는 정류장에 도착한다. 정류장 바로 옆에는 캠핑족을 위한 큰 마트가 있다. 3분쯤 걸으면 빈센츠 카페가 나오고, 카페를 지나 10 분 정도 걸어 내려가면 탁 트인 바다와 횟집이 몇 개 나온다.

횟집과 마트 중간에는 있는 거라곤 빈센츠 카페 하나라 이런 오픈 방식과 메뉴에도 그나마 손님이 오는 편이었다.

**'도대체 빈센츠 카페는 왜 이런 운영 방식을 선택하신 걸까?'**

선택은

비이성적 요소인 욕구와

이성적 요소인 심사숙고의

결합이라는 이중구조를 가지고 있다.

좋은 선택은 올바른 이성과 올바른 욕구의 결합이며,

이것은 성취되어야 할 목적에 대한 파악과

그 목적을 성취하도록 하는 수단에 대한 파악을 논리적으로 함의

한다.

― 전재원

\* 아리스토텔레스의 선택개념(The Concept of Aristotle's prohairesis), 철학논총 제66집

# 은해군과
# Les Saintes Maries

오늘은 주말이라 빈센츠 카페가 쉰다. 박상림 작가님은 어머니 병문안을 위해 서울로 올라가셨다. 작가님은 카페엔 언제든지 와도 된다는 말을 또 하셨다.

나는 종일 은해군 주변을 자전거로 내달리고 바다 수영도 즐기며 유리 공예처럼 청아한 이곳을 온몸에 담았다. 늦은 오후에 노을이 지는 바다를 보러 빈센츠 카페로 갔다.

손님들이 안을 볼 수 없도록 길가 창문 쪽 커튼을 치고 가장 바다가 잘 보이는 테이블에 앉았다. 그런데 아무것도 없어야 할 테이블에 책 한 권이 있고 표지에는 포스트잇이 하나 붙어 있었다.

**강준 씨, 책은**
**쿠키에 대한 보답이라고 생각하고 읽어봐 줘요.**

**이 엽서는**
**빈센트 반 고흐가 그린 그림이에요.**
**이 그림 속 바다가 은해군의 바다랑 닮아서**
**어머니의 빈센츠 카페가 시작됐다고 하시네요.**

**강준 씨가**
**열심히 해왔던 일도 방황도 그리 쉽게 강준 씨 안에서 사라지지**
**않고, 바닷속 진주처럼 인생의 소중한 흔적으로 남게 될 거예요.**

**주말 잘 보내고 봐요.**


박상림 작가님이 작가는 작가구나 싶었다. 내가 했던 말을 더
멋지게 돌려주셨다.

작가님이 주신 책은 '제이슨 배런(Jason Barron)'이 쓴 『세상
에서 가장 쉬운 경영 수업』이었다. 선물이 책이라니 참 작가님답다
싶었다. 아무리 그래도 주말에 책이라니 싫어지려는 찰나에 '10페
이지짜리 설명이 그림 하나로 압축된다'라는 책 띠지에 혹했다.

글보다 그림이 많은 책이라니 주말 사이에 읽기 좋을 듯했다.

그렇게 책장을 넘기다가 툭! 하고 떨어진 바다를 그린 엽서 한 장과 마주했다. 작가님이 포스트잇에서 말한 은해군의 바다를 닮은 고흐의 그림이 이건가 보다.

처음 보는 고흐의 그림이었다. 붓 터치가 어지럽지도 않고 힘은 있지만 잔잔하고 색도 차분했다. 하지만 그 바다의 파도가 느껴질 만큼 고흐만의 생동감도 있었다.

엽서 뒤에도 포스트잇이 붙어 있었는데, 아마도 상림 작가님이 써주신 듯했다. 거기에 적힌 글귀를 읽으며 노을이 지는 은해군의 바다를 보니 기분 좋게 눈가가 촉촉해졌다.

역시, 은해군에 내려오길 잘한 것 같다.

사람의 마음은 바다와 매우 닮았는데,

The heart of man is very much like the sea,

거기에는 폭풍도 일고,

it has its storms,

마음에도 물이 들어올 때와 나갈 때가 있으며,

it has its tides, and,

그 깊은 곳에는 바다처럼 진주가 있기 때문이다.

in its depths, it has its pearls too.

— 빈센트 반 고흐

(Vincent van Gogh)

＊ 네덜란드 태생의 후기 인상주의 화가로 생전에는 무명의 화가였으나, 지금은 전 세계인의 사랑을 받고 있다.

박상림 작가는 SRT 기차를 타고 서울로 향했다. 집필 때문에 서울에 두고 온 아내와 딸, 갑작스레 다친 어머니와 함께 서울로 간 아버지를 뵙기 위해서였다. 기차역에서 자신을 기다리고 있는 아내와 딸을 만나서 함께 어머니를 뵙기 위해 본가로 향했다.

어머니는 깁스한 상태였지만 건강해 보이셨다. 오히려 아버지가 한쪽 팔을 못 쓰는 어머니 수발을 드느라 조금 피곤해 보였다. 딸은 늘 '오냐오냐' 해주는 할머니 댁에 와서 신이 났는지 집에서는 못 먹게 하는 온갖 배달 음식을 시켜서 같이 넷플릭스를 보자고 성화였다. 아내도 날이 날이라 못 이기는 척 넘어가 주는 눈치였다.

슬쩍 눈치를 주는 아버지를 따라 박 작가는 서재로 들어갔다. 아버지에게 카페를 도와주고 있는 이강준에 대해 말하며 앞으로 카페를 어떻게 할지 의논했다. 박 작가는 자신의 집필 이야기는 한 마디도 꺼내지 않았지만, 아버지에게 이강준이 왜 은해군에 내려왔고, 그간 어떤 일이 있었는지 대해서는 쉴 새 없이 말했다. 그러다 보니 속에 있는 이야기까지 튀어나왔다.

상림: 아버지, 음… 강준 씨에게 어떤 멘토(mentor)가 되어야 할지 잘 모르겠어요. 저희 학교 대학원생도 아니고, 컨설팅을 신청한 젊은 스타트업 대표도 아니고… 제 커피 선생님이면서 또 동료이기도 한 20대 멘티(mentee)라니 좀 어렵네요.

아버지: (살짝 당황하며) 어떤 게 어려운데?

상림: 강준 씨와 브랜드 커피챗을 하면서 멘토와 멘티의 역할이 확하고 바뀌는 듯한 기분이 들 때가 있어요. 그 친구가 말을 잘해서 그런지 제게 생각지도 못한 깨달음을 줄 때도 있어서…

아버지: 난 또 뭐라고. 이제 그럴 나이가 돼서 느끼는 거니 순리라 생각하고 받아들이면 된다. 네가 나이 먹고 성숙해진 만큼 너보다 한참 어리다고 생각한 이들도 다 제 밥벌이하는 어른이 됐으니깐 어쩔 수 없지. 네가 늘 무언가를 가르쳐 주는 역할이다가 사석에서 배우는 입장이 되니 어색할 수도 있을 거다. 한 달이지만, 함께 카페를 운영하니 이 군을 동료라고 생각하고 대하렴.

상림: 음. 강준 씨가 어른스러워서 동료라는 생각은 들어요. 그러다가도 브랜드 커피챗을 할 때면 멘토로서 강준 씨를 어떻게 대해야 할지 좀…

아버지: (한 번에 하나밖에 못 하는 이 구닥다리 같은 녀석을 어쩌나)
상림아, 스웨덴의 발렌베리 가문(Wallenberg family)의 신조 혹시 들어 봤니?

상림: …

아버지: 발렌베리 가문이 1856년에 스웨덴에서 Stockholms Enskilda Bank(지금의 SEB)을 설립한 이후로, 160년이 넘게 존경받으면서 계속해서 세습할 수 있었던 건, 난 그들의 신조 때문이라고 생각한다.

**존재하되,**

**드러내지 않는다.**

**Esse, Non Videri.**

**(to act, not to seem to be.)**

상림: …!

아버지: 넌 사회적으로는 박상림 교수지. 브랜드 책을 쓰는 박상림 작가이기도 하고. 네 직업의 존재는 그대로 두고, 그 특성을 이강준 군에게 드러내지 말려무나.

네가 이 군에게 네 직업의 역할로 대하는 순간, 이 귀한 인연은 그 빛을 잃을 거야.

상림: 네, 어떻게 해야 할지 알 것 같아요.

아버지: 아! 있다가 집에 갈 때 마장동에서 주문해 놓은 한우 A++ 가져가거라. 반은 식구들이랑 먹고, 반은 은해군에 가져가서

이 군 먹이고. 젊은 친구가 마음이 허할 텐데, 그럴 때는 고기만 한 게 없거든. 든든히 먹여. 젊은 친구가 네 엄마도 너도 도와주니 얼마나 고마우냐!

상림: 넵, 아버지. 그럴게요.

'띵동, 띵동' 딸아이가 주문한 배달 음식이 도착했는지 초인종 소리가 크게 서재까지 울렸다. 이윽고 "식사하러 나오세요!"라고 외치는 우렁찬 딸의 목소리가 들렸다.

상림: (자리에서 일어서며) 얼른 나가요. 아버지.

아버지: 그래, 우리 공주님이 부르는데 어여 나가야지.
(먼저 나가는 상림의 뒷모습을 보며 혼잣말로) 네가 집필한답시고 은해군에 온 게… 이강준, 그 청년을 만나 생각이 트이려고 그랬나 보다. 잘 됐다. 잘 됐어.

오래된 것에서
다가올 것으로 옮겨 가는 것이
지킬 가치가 있는 유일한 전통이다.

To move from the old
to what is about to come is
the only tradition worth keeping.

— 마커스 도데 발렌베리
(Marcus Dodde Wallenberg)

\* 스웨덴의 발렌베리 그룹은 종종 스웨덴의 유명 가구 브랜드 이케아(IKEA)와 비교된다. 1980년대 이케아는 절세를 위해 본사를 스웨덴에서 네덜란드로 이전했다. 당시 스웨덴 산업인력의 40%를 고용했던 발렌베리 그룹은 조세 피난처로 유명한 스위스 등으로 본사를 이전하지 않고 스웨덴에 남았다. 전문경영인에게 경영을 적극적으로 맡기면서도 그룹의 장기적 책임을 지는 오너십으로도 유명하다.
발렌베리 그룹의 기업 운영 방식은 북유럽 국가 스웨덴의 평등한 사회 분위기와 노사 화합에 이바지했다는 평가를 받고 있다.

https://contents.premium.naver.com/fashionlab/knowledge/
contents/241028030000205vb

**샌트 마리 드 라메르의 바다 풍경**

Seascape near Les Saintes-Maries-de-la-Mer, 1988
빈센트 반 고흐(Vincent van Gogh)

고흐가 프랑스 남부의 아를(Arles)에 살던 시절에 일주일간 여행으로
'샌트 마리 드 라메르'라는 작은 어촌 마을에 방문하여 그렸다고 전해진다.

바다의 풍광을 그릴 때 고흐는
그 어느 때보다 평온하고 유려한 색을 썼다.

이 그림은 고흐가 야외에서 그려 모래 알갱이가 물감에 섞여 있다고 전해진다.
그는 물감을 팔레트가 아닌 캔버스에 바로 짜서 팔레트 나이프로 그렸다고도 한다.

# 시행
# 착오

오늘은 아침에 눈을 뜨자마자 아무것도 하지 않고 격정적으로 누워만 있어야 할 것 같은 기분이다. 그래서 이불을 '픽'하고 걷어차며 일어났다.

이러려고 계획한 한달살이가 아니다! 그렇게 치면 갑자기 빈센츠 카페에서 일하기로 한 건 시행착오적 결정이었다. 하룻밤 사이에 마음이 오락가락한다. 하긴 내가 정상이었다면 주임 주제에 휴직계를 내지도 않았을 거고 회사에서 받아들여 주지도 않았을 거다.

이 이상한 기분과 생각을, 난 잘 안다. 무기력하게 침대에 누워서 핸드폰만 보는 게 하루가 이틀이 되고 점점 씻지도 않고 배달 음식만 시켜 먹으면서 "모든 게 부질없다"라는 생각에 사로잡혀 피폐해졌을 때 내가 했던 짓이다.

**토스트아웃과 번아웃은 습관이 아니지만,**
**내 몸의 생활패턴과 생각은, 습관처럼 그러려고 든다.**

여기에 휘둘려서 하루를 보내기엔, 은해군의 모든 게 유료다. 서울집의 관리비도 유료다. 젠장! 하루하루가 귀하고 돈이 아까운데 어떻게 침대에서만 보낼쏘냐!

눈곱만 겨우 떼고 야구 모자를 푹 눌러쓴 채 숙소에서 나왔다. 자전거를 타고 빈센츠 카페를 지나 바닷가 근처 횟집으로 향했다. '곰치국-물메기탕'이 별미라고 박 작가님한테 들었던 기억이 나서였다. 인간 이강준에게 맛집만큼 무기력을 물리치기 좋은 도구가 없다.

오랜만에 뜨끈한 국물로 아침을 시작하니 온몸에 피가 확 도는 느낌이 나면서 훅하고 졸려 왔다. 회식 다음 날 점심시간에 늘 먹던 콩나물 해장국을 먹었을 때 같았다.

주말에 회사 생각이라니 끔찍하지만, 회사 다닐 때 점심을 먹고 마시던 프랜차이즈 커피 맛이 그리워지는 건 어쩔 수 없었다.

피곤하고 더운 날 기프티콘으로 사 먹던 아이스 카라멜 마키아토가 땡겼다.

사람 몸과 입은 참 별걸 다 기억한다.

자전거를 세차게 밟아 은해군 시내에 딱 하나 있는 스타벅스로 향했다. 자전거 가방에서 어제 작가님이 주신 책을 꺼내 자리에 두고 커피를 시킨 후 앉아서 책을 읽기 시작했다. 커피를 채 반도 먹기 전에 책에서 본 글귀 하나로 유료로 숨 쉬는 기분이 들었던 은해군의 모든 게 인생 공부라는 생각이 들었다.

천천히 오랜만에 먹는 아이스 카라멜 마키아토의 맛을 느끼다 일어났다. 편의점에 들러 큰 사이즈의 포스트잇을 사서 숙소로 돌아갔다.

숙소 책상 앞 벽에 어제 받은 작가님의 글, 고흐의 글을 붙였다. 그리고 오늘 나를 다시 정신 차리게 한 글귀를 포스트잇에 써서 붙였다.

깨달음을 주는 시행착오가
고독한 천재의 계획보다 낫다.

— 피터 스킬먼(Peter Skillman)

＊ 마시멜로 챌린지(marshmallow challenge) 게임으로 유명한
노키아와 필립스 출신 디자이너.

＊ 마시멜로 챌린지(marshmallow challenge) 게임은 제한 시간
18분 내에 팀원 4명, 스파게티면 20 가닥, 접착 테이프 약 90cm,
줄 약 90cm, 마시멜로만 가지고 탑을 쌓는 것이다. 이 챌린지에서 건
축가만큼 높은 탑을 쌓은 팀은 계획을 잘 짠 CEO 팀도 MBA생 팀도
아닌 그저 열심히 시도해 본 유치원생 팀이었다.

여덟 번째 날

# 프리토타입,
# 프로토타입, MVP

어깨춤이 절로 나오는 아침이다. 어제저녁 박상림 작가님에게 전화가 왔다. 카페에 못 나가서 미안하다시며, 서울 마장동에서 작가님 아버지가 주문해 주신 한우 A++를 오늘 저녁에 구워 주신다고 하셨기 때문이다. 그리고 내일까지만 일하고 하루 더 유급으로 쉬라고도 해주셨다. 오늘의 카페 근무를 마치고 박 작가님과 함께 카페 옥상에 엘리베이터를 타고 올라갔다. 배가 부르도록 한우 A++와 채소를 구워 먹고, 작가님이 유일하게 할 줄 아는 요리인 라면까지 해서 먹었다. 그리고 태블릿으로 튼 잔잔한 라운지 음악을 들으며 그동안 못 했던 브랜드 챗을 시작했다. 오늘은 커피 대신 맥주를 곁들인 '브랜드 비어 챗'이다.

작가: 강준 씨, 그동안 힘들었죠?

강준: 음. 솔직히 처음에는 혼자 '이게 될까?' 싶었는데, 카페 메뉴도 적고 손님들도 잘 이해해 주셔서 괜찮았어요. 그나저나 할머니는 좀 괜찮으세요?

작가: (안주를 챙겨 주며) 빈센츠 카페가 좀 이상하긴 하죠?
아! 어머니는 깁스만 풀면 별문제는 없을 거라고 해요. 그래도 어머니 연세가 있으셔서 아마 다시 내려오시는 건 몇 달 뒤가 될 것 같아요.

강준: 아! 그럼, 여기 카페엔 작가님이 계속… 음~ 커피를 더 잘 알려 드려야겠는데요?

작가: 고마워요. 빈센츠 카페는 사실 부모님이 5도 2촌(5일은 도시, 2일은 촌) 하다가 2도 5촌 하려고 지은 집이자 어머니 작업실이에요. 그래서 (웃음) 망하진 않을 거예요. 나는… 이 빈센츠 카페 때문에 20만 자 정도 쓴 1차 원고를 엎고, 은해군에 내려왔죠.

강준: 네? 작가님이 왜요?

작가: (맥주를 한 모금 들이켜고) 강준 씨, 의사 결정할 인물이 3 명 있어요. 돈을 가진 자본가, 브랜드 전문가, 예술가 중에 누가 가 장 의사 결정을 잘할 것 같아요?

강준: 음. 일에 따라서 다르겠지만, 보통은 자본가가 투자금 회 수를 위한 결정을 자주 하니깐. 의사 결정을 어쨌든 비즈니스적으 로 잘할 것 같아요.

작가: 보통 그렇죠. 만약 예술가가 최종 의사 결정권자라면 어 때요? 잘할까요?

강준: 음… 이거 혹시 작가님 이야기인가요?

작가: (웃으며) 그래요. 내 이야기에요. 나와 우리 아버지가 처 참하게 틀린 이야기죠. 부동산 투자로 돈을 꽤나 번 정년 퇴임한 아버지도, 경영대(MBA) 교수랍시고 경영 전문가로 불리던 아들도, 평생을 예술가로 살아온 어머니의 감에 졌거든요.

강준: 네? '처참하게 틀리고', '감에 졌다'라뇨?

작가: 강준 씨, 프로토타입이 뭔지 알죠? 프리토타입과 MVP도 혹시 알아요?

강준: 프로토타입은 너무 잘 알죠. 작가님! 그런데 프리토는 음, MVP는 운동선수에 주는 상은 아닌 것 같은데. 뭐에요?

작가: 이건 경영이나 스타트업에서 잘 쓰는 테스트 방법론이에요. 예술가인 어머니는 용어만 모르실 뿐이지 감으로 이걸 아셨기에 지금의 빈센츠 카페를 만들 수 있으셨었어요. (태블릿을 켜고 표를 보여 주며) 잘 봐봐요. 이게 프리토타입, 프로토타입, MVP에요.

| | 프리토타입 Pretype | 프로토타입 Prototype | MVP |
|---|---|---|---|
| 뜻 | 시제품보다 먼저 해보는 제품 | 최초의 상태/시제품 | 최소 실행/ 실행가능 제품 |
| 어원 | Pretend (~척하는) + Prototype | πρῶτος (최초의) + τύπος (인상) *그리스어 | Minimum Viable Product |
| 만든이 | 알베르토 사보이아 (Alberto Savoia) 구글의 명예혁신 전문가 | 예전부터 쓰던 개념 ex) 아파트 모델하우스 | 에릭 리스 (Eric Ries) 린 스타트업의 저자 |
| 특징 | 시제품은 '한다'를 전제함 한다/될까 vs 안 한다/ 안 될까 시제품 전, 성공가능성 체크 | 생산에 앞서 만들어 보며 생산시 발생할 문제, 손해를 예방, 감소시킴 | 최소의 기회비용 투자로 제품의 최소한의 특징만 구현해 빠르게 테스트함 |

강준: 오! 3개가 비슷한 것 같으면서 조금씩 다르네요?

작가: 맞아요. 어머니는 이 3가지를 감으로 아셨는데 논리적으로 설명할 수 있는 분은 아니셔서 그냥 "은해군이 좋다", "여기서 살고 싶다" 이렇게만 하시니 아버지와 난 반대했죠. 우린 은해군에 연고도 없고 서울에서 기차로 1시간은 가까운 거리도 아니고요.

강준: 그럼, 저라도 그랬을 것 같아요.

작가: 어쨌든 어머니는 감으로 프리토타입, 프로토타입, MVP를 빈센츠 카페에 적용하셨어요. 다 계획이 있었던 거죠. 처음에는 어머니가 이곳 땅을 아버지한테 테이크 아웃 커피를 한 잔 쥐여 주시면서 보여 드렸어요. 그러니까 아버지가,

**"와! 여기는 뷰가 바닷가 카페 같다.
바다 뷰 카페는 커피값 비싸게 받던데~."**

이렇게 말씀하신 거죠. 그러니깐 어머니가 작업실 겸 카페 겸 집을 지어서 살자고 하셨죠. 아버지는 다 늙어서 무슨 카페 사업이냐고 하셨고, 저도 그저 편히 쉬시라 했죠.

강준: 그래서요?

작가: 어머니가 나랑 아버지에게 내기를 거셨어요. 어머니 말이 맞으면 카페 주변 땅에 투자하기로요. 집을 멋지게 지어 놓기만 해도 아래에 있는 바닷가 횟집 가는 손님들은 뷰가 좋은 여기서 커피를 마시고 싶어 할 거라고요. 지어만 놓으면 찾아올 거라고요.

어머니는 "내 평생 번 돈으로 지을 테니 잔소리 마!"라고 하셨죠. 막상 지어 놓고 나니깐, 하루걸러 한 명씩요.

**"여기 카페 아니에요? 카페인 줄 알고 들어왔어요. 죄송해요."**

이렇게 찾아오는 사람이 진짜 있었던 거죠.

강준: 저도 그랬을 것 같아요. 빈센츠 카페의 위치에서 보는 바다 뷰가 너무 멋져요. 그래도 "이렇게 운영해도 될까?" 싶긴 해요.

작가: 그렇죠? 아버지랑 나는 어머니와의 내기에 져서 돈을 투자했어요. 빈센츠 카페 주변 땅을 사는 걸로요.

카페 자체는 그리 크지 않고 부모님이 원하는 바도 명확해서 저렴하지만 느낌 있게 지을 수 있었어요. 제가 친한 건축학과 교수님한테 부탁했거든요.

강준: 아! 아들 찬스, 지인 찬스였네요. 그런데 왜 카페 주변 땅을 사라고 하신 거죠?

작가: 들어 봐요. 여기서부터가 '처참하게', '졌다'예요.

어머니랑 아버지는 은해군의 집을 짓는 동안 바리스타 과정을 취미로 배우셨어요. 막상 아버지가 해보시더니 너무 좋아하시는 거예요. 정년 퇴임도 하셨겠다, 카페를 제대로 해보자는 생각도 있으셨고요.

강준: 맞아요. 커피가 참 매력 있긴 해요.

작가: 그런데 어머니가 딱 잘라 거절하시면서,

**"카페는 그저 소일거리로 해요. 당신이 말했잖아요? 다 늙어서 무슨 카페 사업이냐고, 상림이 말 따라서 편히 쉬시면서 적당히 합시다."**

이렇게 말하시곤 지금 빈센츠 카페에 있는 메뉴판과 안내문을 손으로 쓱쓱 쓰셔서 아버지한테 드렸어요. 어머니는 여기 오는 손님은 이걸 보면 이렇게 말할 거라고 했어요.

**"메뉴판이…**
**아! 작가님 작업실이라 커피 종류도 적고 운영시간도 짧구나."**

이렇게 말이에요. 이걸 표에 덧붙이면, 이렇게 되겠네요.

| | 프리토타입 Pretotype | 프로토타입 Prototype | MVP |
|---|---|---|---|
| 뜻 | 시제품보다 먼저 해보는 제품 | 최초의 상태/시제품 | 최소 실행/ 실행가능 제품 |
| 어원 | Pretend (~척하는) + Prototype | πρῶτος (최초의) + τύπος (인상) *그리스어 | Minimum Viable Product |
| 만든이 | 알베르토 사보이아 (Alberto Savoia) 구글의 명예혁신 전문가 | 예전부터 쓰던 개념 ex) 아파트 모델하우스 | 에릭 리스 (Eric Ries) 린 스타트업의 저자 |
| 특징 | 시제품은 '한다'를 전제함 한다/될까 vs 안 한다/ 안 될까 시제품 전, 성공가능성 체크 | 생산에 앞서 만들어 보며 생산시 발생할 문제, 손해를 예방, 감소시킴 | 최소의 기회비용 투자로 제품의 최소한의 특징만 구현해 빠르게 테스트함 |

| 바다 뷰가 멋진 주거형 카페 | | | |
|---|---|---|---|
| 순서 | 1 ▶ 시제품보다 먼저 하려면? | 2 ▶ 시제품을 만들려면? | 3 ▶ 최소 실행가능 하려면? |
| 적용 | −아버지에게 바다 뷰를 보며 테이크아웃 커피 먹이기 −커피 배우기 | −복합 공간으로 건축 (부지 용도변경 후 작업실, 카페, 주거) | −기계가 필요 없는 핸드 드립 커피만, 라떼 X −영업시간 최소화 |
| 도출 멘트 | "와! 여기는 뷰가 바닷가 카페 같다. 바다 뷰 카페는 커피값 비싸게 받던데~." | "여기 카페 아니에요? 카페인 줄 알고 들어 왔어요. 죄송해요." | "메뉴판이⋯ 아! 작가님 작업실이라 커피 종류도 적고 운영시간도 짧구나." |

강준: 와… 이렇게 보니까, 작가님 어머니는 다 계획이 있으셨
네요!

작가: 맞아요! 경영 이론도 부동산도 잘 모르는 어머니가 아버
지와 나보다 더 좋은 의사 결정과 계획을 하셨죠. '될 것과 될 계획
으로요.' 빈센츠 카페는 바다 뷰가 메인이잖아요?

멋진 바다를 볼 수 있으면 그게 바닷가 카페의 역할이니 메뉴
도 테이블도 적고, 운영시간도 짧아도 괜찮았던 거 같죠. 또 두 분
이 소일거리로 운영하시기엔 딱 맞고요. 처참하게 틀리고 감에 졌
다고 한 건, 여기 빈센츠 카페를 오픈하고 나서 이 주변 땅값까지
뛰었단 거예요.

그래서 집필한 거 다 엎고 내려왔어요.

이론에 빠져 눈이 먼 나를 은해군이 깨워 줄 것 같아서요.

강준: 아! 아! 작가님 이야기를 듣고 나니…
음, 생각이 많아지네요.

작가: 내일 강준 씨는 쉬니깐, 천천히 생각해 봐요.

# 생각
# 랜드

작가 박상림은, 아침 일찍 일어나 어제 강준에게 보여 줬던 표를 조금 고쳤다. 맨 아래 칸에 짧은 문장 3개를 추가했다. 생각의 틀에서 벗어난 단순한 관점이었다.

**"이게 될까?"**
**"이걸 만들 수 있어?"**
**"이거면 살까?"**

어제 이강준과 프리토타입, 프로토타입, MVP에 관해 대화하면서 중간중간 그가 했던 이 말은 그 어떤 요약보다 이들 방법론의 생각을 명확하게 확인시키는 표현이었다.

그가 추천했던 『브레드 앤 버터』 주인공들처럼 어쩌면 열심히
배우려는 강준 씨와 함께 있는 것만으로도 내가 자연스레 배우고
깨닫는 게 있었다.

| | 프리토타입 Pretotype | 프로토타입 Prototype | MVP |
|---|---|---|---|
| 뜻 | 시제품보다 먼저 해보는 제품 | 최초의 상태/시제품 | 최소 실행/ 실행가능 제품 |
| 어원 | Pretend (~척하는) + Prototype | πρῶτος (최초의) + τύπος (인상) *그리스어 | Minimum Viable Product |
| 만든이 | 알베르토 사보이아 (Alberto Savoia) 구글의 명예혁신 전문가 | 예전부터 쓰던 개념 ex) 아파트 모델하우스 | 에릭 리스 (Eric Ries) 린 스타트업의 저자 |
| 특징 | 시제품은 '한다'를 전제함 한다/될까 vs 안 한다/ 안 될까 시제품 전, 성공가능성 체크 | 생산에 앞서 만들어 보며 생산시 발생할 문제, 손해를 예방, 감소시킴 | 최소의 기회비용 투자로 제품의 최소한의 특징만 구현해 빠르게 테스트함 |
| | "이게 될까?" | "이걸 만들 수 있어?" | "이거면 살까?" |

별로 한 것도 없는데 이내 카페 오픈 시간이 되었다. 상림 작가는 홀로 카페를 누비며 여러 주문을 느리지만 소화해 냈다.

커피 향을 맡으며 바다를 보며 일하는 기분이 여간 좋은 게 아니었다. 상림 작가는 그렇게 바리스타가 되어 갔다.


**"도대체 빈센츠 카페 주변 땅값은 왜 오른 거지?"**

이강준은 어젯밤부터 오늘 아침까지 아무리 생각해도 빈센츠 카페에 대한 의문에 답을 찾을 수가 없었다.

답답한 마음에 바다 수영을 하고 돌아와 작가님이 보여 줬던 방법론 중에서 가장 최근에 알려진 프리토타입을 검색해 봤다. 그리고 저자인 알베르토 사보이아의 인터뷰를 보고 생각을 멈췄다.

대신 은해군의 번화가와 카페 근처를 돌아다녔다. 생각만 했던 걸 확인하기 위해서였다. 그렇게 이강준은 빈센츠 카페에 대한 약간의 실마리를 찾을 수 있었다.

'생각 랜드(Thought land)'는 추상적 공간이다.


생각만으로는 성패를 판단할 수 없다.

자기 생각은 물론 다른 이의 생각을 통해서도 판단은 불가능하다.

생각과 의견은 데이터가 아니다.

'생각 랜드' 바깥으로 아이디어를 꺼내 와야 한다.


현실 시나리오 속에 놓고 진짜 테스트를 해야 한다.


— 알베르토 사보이아(Albert Savoia)


* 구글 최초의 엔지니어링 디렉터이자 명예 혁신 전문가

(조선비즈 347호의 인터뷰 발췌)

# 생각
# 정리

박상림 작가는 쉬는 날을 맞아 집필을 위해 얻어 놓은 숙소에서 나와 빈센츠 카페로 향했다. 카페에서 보는 바다가 그에겐 응원군 같았기 때문이다. 그는 집필한 원고를 고치며 원고에, 온라인에서 본 명언을 인용하려다 난항을 겪고 있었다. 원본의 출처가 조금 애매해서 검색을 해봤지만, 찾을 수가 없었다.

여러 개의 ChatGPT에게 해당 글의 출처를 물어봤지만 다 다르게 명언의 출처를 알려 줬다. 벽과 대화하는 기분이었다. 은해군의 바다를 봐도 소용이 없었다.

그가 집착에 가까울 만큼 출처를 찾은 명언은 그의 책에 꼭 들어맞는 내용이었다. 하지만, 그 명언은 정확한 출처도 실체도 없었다. 잠시 눈을 돌려 노트북의 시계를 보자 박 작가는 현타(현실 자각 타임)가 왔다. 인터넷 명언의 출처 때문에 ChatGPT와 자신이 1시간가량 실랑이한 것을 알게 됐기 때문이다.

그러다 현타에 빠진 박 작가는 '왜 작가가 되려고 했었지?'라는 생각까지 하게 되었다. 책을 쓰지 않았다면 지금, 알량한 글의 출처를 찾기 위해 1시간이 넘도록 '벽'과 대화하는 불쾌한 상황을 겪지 않았을 거다.

책 쓰는 게 뭐라고! 서울에 사랑하는 아내와 딸, 다친 어머니를 아버지에게 맡겨 두고 이 은해군에 처박혀서 햇살 좋은 쉬는 날, 이러고 있는 걸까? 불현듯 아버지가 자신을 꾸짖으며 했던 말씀이 떠올랐다.

**"너는 '박상림' 하지 말고 박창호로 개명해라. 박창호로!**
**교수랍시고, 말만 많고 제 고집만 세서 벽창호가 따로 없다.**
**이 녀석아!"**

지금 인터넷에 돌아다니는 출처가 불분명한 이 명언을 붙들고 있는 것도 벽창호 같은 자신의 고집인가 싶었다. 때마침 유리알 같은 맑은 햇살이 박 작가의 눈을 비췄고 눈부심에 잠시 노트북에서 시선을 떼게 되었다. 은해군의 햇살 덕분일까? 박 작가는 자신이 왜 경영을 전공하고 유학까지 가서 투자 은행이나 컨설팅 회사에서 계속 일하지 않고 교수가 되었는지를 기억해 냈다.

박상림 작가는 랜디 포시(randy poush) 교수의 마지막 강의 동영상을 보고 교수라는 직업을 동경하게 됐고, 그의 책을 보고 작가가 되고 싶었다.


**인생에 장벽이 있는 것은 다 이유가 있다.**

The brick walls are there for a reason.


**우리를 몰아내려고 장벽이 있는 것이 아니다.**

The brick walls are not there to keep us out.


**장벽은 우리가 무엇을**
**얼마나 절실히 원하는지 깨달을 수 있도록 기회를 제공하는 것**
**이다.**

The brick walls are there to give us

a chance to show how badly we want something.


**장벽은**
**그것을 절실하게 원하지 않는 사람들을 멈추게 하려고 거기에**
**있다.**

Because the brick walls are there

to stop the people who don't want it badly enough.

장벽은 당신이 아닌,
다른 사람들을 멈추게 하려고 거기 있는 것이다!
They're there to stop the other people.

— 랜디 포쉬 (randy poush)


\* 카네기멜론 대학의 컴퓨터공학 교수로 췌장암에 걸려 죽기 전 자
녀들을 위해 자신의 마지막 강의를 녹화해서 남겼다. 그 강의는 책으
로 출간되어 베스트셀러가 되었다.


박 작가는 그 시절의 자신을 다시 떠올렸다. 그때라면 고작 1
시간을 ChatGPT와 실랑이했다고 지금처럼 나가떨어지지 않았을
것이다. (물론 그때는 ChatGPT가 없었지만) 그때였다면 어떻게든 밀
어붙여서 문제의 출구를 찾아냈었을 거다.

출구라고 생각해 보니 문득 박찬욱 감독이 봉준호 감독을 위
해 대리 수상을 해주면서 그가 했던 '대리 수상 소감'이 떠올랐다.


제가 '설국열차'에서 제일 좋아하는 장면은
송강호 씨가 옆을 가리키면서

"너무 오랫동안 닫혀 있어서 벽인 줄 알고 있지만,
이게 사실은 문이다."

라고 하는 대목입니다.

내년 한 해 여러분도 벽인 줄 알고 있던
여러분만의 문을 꼭 찾으시길 바랍니다.

— 박찬욱 감독
(34회 청룡영화상에서 봉준호 감독의 대리 수상을 해주며)

박 작가는 출처도 애매한 명언을 원고에서 지워 버렸다. 그리고 그 자리에 자기 생각을 정리한 글을 넣었다. 그는 브랜드를 이렇게 정리했다.

브랜드는
벽도 되고 문도 된다.

브랜드는

제품이 보호받을 수 있는
'이름'이라는 방어벽이 되어,

소비자가 고객이 될 수 있도록
'신뢰'라는 마음의 문을 연다.

# II

## 브랜드,
## 경험하다

# 트랜스폼 피봇과
# 동공이곡

오늘은 아침부터 비장하게 일어났다. 내가 추측한 빈센츠 카페 주변의 땅값이 비싸진 이유를 박상림 작가님한테 확인받고 싶어서 였다. 그런데 밤에 온 톡 하나로 난 다시 휴직계를 낸 이강준 주임 으로 돌아갔다. 제일 친한 회사 동료의 푸념이었다.

'강준아, 잘 지내지? 쉬는데 미안.

말할 데가 없어서 쉬는 너한테 톡을 다 한다. 사업 분야 확장 때문 에 사전 조사가 진행 중인데… 답이 없어 보이는 해외 회사를 사자는 의견이 나왔어. 내부 검토하라는데 머리가 아프다.

은해군은 어때? 좋아?'

무던하고 덤덤하게 자기 일 잘하는 동료가 보낸 톡을 보니 마음이 쓰였다. 나만 도망쳐 온 것 같아서 미안했다. 또, 복직해서 이 강준 주임으로서의 일도 걱정되었다. 찐한 아이스 아메리카노부터 한잔하자, 싶어서 아침을 먹는 둥 마는 둥하고 카페로 향했다.

작가: 어! 강준 씨. (짐가방을 내려놓으며)
왜 이렇게 일찍 왔어요?

강준: 어! 작가님은요?

작가: 아, 그게 오늘부터 여기 위에서 지내려고요.
부모님도 몇 달 안 내려오신다고 하고 여기 바다를 보면 글이 잘 써져서요. 아침 일찍 짐을 다 들고 왔죠. 강준 씨는요?

강준: 저는… 머리 아픈 일이 생겨서 아이스 아메리카노가 너무 땡겨서요.

작가: 강준 씨 혹시 아침 전이면요. 3층에서 마장동 고기 남은 거랑 해서 '한우 김치볶음밥' 해서 같이 먹을래요?

강준: 좋아요.

한우와 잘 익은 김치가 있어서 그랬는지 작가님이 해주신 김치볶음밥이 참 맛있었다. 라면밖에 못 하신다고 하더니 그건 아닌 것 같다. 덕분에 불안한 내 맘도 조금은 안정을 찾았다.

작가님과 식사하며 대충 회사 상황도 동료의 푸념도 털어놓았다. 작가님은 생각에 잠긴 듯 조용하지만, 진지한 눈빛으로 내 이야기를 들어주셨다. 긴 이야기는 2층에서 내려가서 하는 게 어떠냐며 우린 2층, 빈센츠 카페로 향했다. 나는 커피를 내렸고, 작가님은 노트북을 만지작거리시더니 생기 어린 눈빛으로 커피를 받아주셨다.


■　　**Brand, coffee chat**　　■


작가: 강준 씨, 혹시 '따개비와 치석'의 공통점 알아요?

강준: 따개비라면, 그 유조선이나 거북이 등에 붙어서 기생하는 분화구 같은 거요? 치석은 사람 치아에 끼는, 어! 두 개가 비슷한데요? 둘 다 붙어 있는 대상에 유해해요!

작가: 맞아요. 그럼, 반질반질한 '카메라 필름과 안티에이징 크림'의 닮은 점은요?

강준: 음… 둘 다 광이 난다?

어머니가 안티에이징 크림이라며 얼굴에 바르시면 광인지 기름인지 번쩍하더라구요. 카메라 필름은 전에 한번 실제로 봤었는데, 매끈한 플라스틱처럼 광이 나던데요?

작가: 하하하, 강준 씨 표현이 진짜~(웃다가 난 눈물을 닦으며)

아~ 내가 기대한 답은 아닌데 비슷하긴 해요. 흠흠. 마지막으로 '골동품 가게와 이삿짐 센터'는 관련이 있을까요?

강준: 이건 쉬운데요?

골동품은 대부분 비싸고 잘 깨지기 쉬우니까 만약 이사한다면, 진짜 잘 하는 이삿짐 센터에 맡겨야 할 것 같아요.

작가: 크흣. (웃음을 참으며) 맞아요. 강준 씨.

'따개비와 치석', '카메라 필름과 안티에이징 크림', '골동품 가게와 이삿짐 센터', 이 3가지는 공통점이 있어요.

강준: … 공통점이요?

작가님 제가 브랜드 잘 모른다고 약 파시면 안 돼요!

작가: 아하하하. 이건 내가 책에 쓰려고 정리해 둔 건데요. '동공이곡(同工異曲)'이란 사자성어가 있어요. 같은 재주와 기술을 가

지고도, 다른 내용이나 결과가 나올 수 있다는 걸 말하죠.

이 3가지도 그래요. 분명 같은 기술인데 다른 산업에 적용해서 새롭게 '피봇(Pivot)'한 거죠!

강준: 아! 저도 피봇은 알아요. IT 스타트업들이 많이 쓰는 용어죠? 농구할 때 한 발을 '중심축'으로 두고 다른 발을 움직이며 몸을 요리조리 회전시켜서 상대편을 따돌리는 거에서 따왔잖아요. 핵심만 가지고 방향성을 틀 때 쓰는 거 맞죠?

작가: 보통 그렇죠. 인스타그램(Instagram)도 본래 체크인 앱이었고, 슬랙(Slack)도 게임 개발 기술의 핵심을 팀 커뮤니케이션 플랫폼에 적용해서 피봇했죠.

강준: 하지만 기술이나 제조업은 IT 스타트업처럼 그렇게 피봇하기가…

작가: 맞아요. 어렵죠. 지난번에 MVP(최소 기능 제품-Minimum Viable Product) 설명했던 거 기억나요?

MVP를 고안한 에릭 리스가 쓴 『린 스타트업』에서 그는 10가지의 피봇을 제안해요.

하지만 '따개비와 치석', '카메라 필름과 안티에이징 크림', '골동품 가게와 이삿짐 센터'에 꼭 맞는 피봇이 없어요.

강준: 그럼…

작가: 네, 그래서 새로운 피봇 방법이 필요하다고 봤어요.

'동공이곡'처럼, 똑같은 핵심 기술도 적용한 산업이 다르면 전혀 다른 모습의 결과가 나올 거예요. 좋은 결과가 나오질 않고 원래 하던 방식이 다른 산업에선 먹히지 않을 수도 있어요. 하지만 케이스 바이 케이스(Case by Case)로 어떤 브랜드의 핵심 기술은 타 산업으로 확장하는 피봇팅의 잠재력이 엄청날 수 있어요.

콘텐츠 비즈니스가 매력적인 이유는 '원 소스 멀티 유즈(OSMU, One Source Multi Use)', 1개의 콘텐츠를 여러 개의 매체에 전개할 수 있기 때문이에요. 웹소설이 웹툰이 되고, 드라마나 영화 혹은 게임까지 되어 엄청나 수익을 올릴 수 있잖아요.

이 분야의 원조 격인 디즈니(Disney)사를 보면 미키 마우스 캐릭터의 원 소스 멀티 유즈(OSMU)가 얼마나 파워풀한지 구구절절 설명하지 않아도 알 수 있을 거예요.

나는 이런 파워풀한 원 소스 멀티 유즈적인 기술을 발굴해서 타 산업에 적용하는 피봇, 그게 이 3가지 같은 경우라고 생각해요. 원 소스 멀티 유즈와 유사하지만 콘텐츠 비즈니스랑은 달라서 '트랜스폼(Transform 변형, 탈바꿈) 피봇'이라고 부르려고 해요.

강준: 작가님 말씀에 동의해요. 제조업은 확실히 원 소스 멀티 유즈로는 설명할 수 없는 부분이 있어요.

그럼 "트랜스폼 피봇은, 핵심 기술의 잠재력을 찾아서 산업군을 확장하는 것이다."

이렇게 말할 수 있겠네요. 음… 그런데 트랜스폼이라는 이름을 붙인 특별한 이유가 있나요?

작가: 트랜스폼-탈바꿈이란 이름을 붙인 건 사실 이게 너무 어렵기 때문이에요. 말이 쉽지, 산업군을 달리한다는 게 어디 쉽나요?

하지만 이 방법은 기업이나 브랜드의 문어발식 확장을 예방할 수 있고, 잘 적용한다면 비즈니스의 성장 가능성이 높은 장점이 있기 때문이에요. 이렇게 가정해 볼게요.

배에 기생하는 따개비를 떼주는 브랜드가 있다고 쳐요. 이 비즈니스를 확장한다면 아마 유사 비즈니스 분야인 선박 전문 청소 업체를 하는 걸 쉽게 떠올릴 수 있을 거예요. 사업 간의 유사성이 높아서 바로 세를 확장해서 비즈니스를 키울 수 있으니까요.

강준: 듣고 보니 그렇네요?

작가: 필름 브랜드도 그래요. 쉽게 확장하려면 온라인 현상 플랫폼, 디지털카메라 브랜드, 모바일 카메라 앱 개발을 하는 게 맞겠죠. 골동품 가게는 사실 동명의 갤러리, 미술관, 박물관을 여는 게 맞아요.

| 기존 비즈니스 | 확장 | 유사 비즈니스 |
|---|---|---|
| 선박 따개비 제거 기술 | ▶ | 선박 전문 청소업체 오픈 |
| 카메라 필름 제조 | ▶ | 온라인 현상 플랫폼, 디지털카메라 제조, 모바일 카메라 앱 개발 |
| 골동품 가게 운영 | ▶ | 갤러리, 미술관, 박물관 오픈 |

강준: 작가님 이거 너무 앞뒤가 딱딱 맞는 거 보니깐…
'트랜스폼 피봇'은 이것과 전혀 다른 방식이란 거죠?

작가: 맞아요. 저 방식도 좋은데, 새로운 피봇을 제안하는 이유는요. 유사 비즈니스로 확장하면 기존 고객 유입이 쉬워서 실패하지 않을 가능성은 높지만, 그만큼 큰 이익을 얻거나 좋은 투자를 받거나 기업의 유의미한 성장을 논하기는 어렵죠.

또, 저건 누구나 할 수 있는 확장 방식이라서 경쟁이 치열할 수밖에 없어요.

강준: 잘 못하면, 안 하느니만 못하고 자본 잠식만 커질 수도 있겠네요. 딱 저희 회사가 하려는 방식이에요. 저희 회사와 유사한 분야의 해외 기업을 해외 진출을 염두하고 인수하려는데요. 인수

기업의 상태가 나쁘진 않은데 그래도 여기저기 손볼 곳이 많은 것 같더라고요. 뭐 탄탄하면 매물로 나오지도 않았겠지만요. 이 해외 기업을 인수하고 정상화해서 해외 진출로 수익을 내려면 시간이 꽤 들 것 같아요. 환율 리스크 때문에 자칫 안 하느니만 못할 것 같은데… 또 타 산업으로 확장하긴 투자 비용이 크고요.

작가: 나는 그 '유사 비즈니스'와 '타 산업 진출'의 리스크의 갭을 '트랜스폼(Transform 변형, 탈바꿈) 피봇'이 메워 줄 수 있다고 생각해요.

'트랜스폼 피봇'은 전문 기술 브랜드가 그 브랜드의 핵심 기술을 대중 산업, 미래 산업, 부가 산업 분야로 확장하는 걸 뜻해요.

강준: 아! 그럼, 어떻게 해야 하는 거죠?

작가: 브랜드나 기업의 핵심 기술의 확장성이나 트랜스폼 여부를 파악하는 것부터 해야 해요. 그다음에는 시장의 성장 정도나 소비자의 흐름, 전혀 다른 분야이지만 제조나 유통 단계에서 기존에 보유한 기술이 적용될 수 있는 관계성이 높은 쪽으로 피봇하면서 확장하면 좋죠.

'트랜스폼 피봇'은 방향성이 중요해요. '대중 산업, 미래 산업, 부가 산업 분야'가 그 방향성인 거죠. '따개비와 치석', '카메라 필름과 안티에이징 크림', '골동품 가게와 이삿짐 센터'는 트랜스폼 피봇의 좋은 실제 사례고요.

강준: 실제 사례라고요? 잠깐만요! 작가님, 제가 직접 찾아보고 싶어요.
어떤 브랜드인지요. 오늘 브랜드 커피챗 한 거 내일 이어서 해요. 네?

# 트랜스폼 피봇의 문제

어젯밤엔 휴직하고 처음으로 회사 동료와 길게 통화를 했다. 일에서 혼자 빠져나왔다는 묘한 죄책감과 그래도 아직 돌아갈 곳이 있다는 안도감으로 내 감정은 정의 내릴 수 없을 만큼 복잡했다. 그렇다고 당장 복직 후에 얼마나 회사를 다닐 수 있을지도 모르겠다. 상림 작가님과 나눴던 '트랜스폼 피봇'에 대한 브랜드 커피챗 이야기는 하지 않았다. 작가님이 이 내용을 아직 집필 중이시고 나도 제대로 숙지한 상태가 아니라서다.

통화를 마치고, 양쪽 눈의 흰자위에 핏발이 한가득 설 때까지 뉴스 기사를 뒤져서 작가님이 말한 브랜드를 찾아냈다.

따개비는 프록시 헬스케어, 필름은 후지 필름, 골동품은 통인 가게였다. 창업자 관련 기사와 브랜드 보고서를 찾아보다가 문득 든 생각에 맥이 풀려서 침대 위로 쓰러져 버렸다.

**'이걸 우리 회사에서 총대 메고 할 사람이 없네.'**

다 부질없는 짓 같았다. 브랜드를 배워서 어디다 쓰지? 싶기도 했다. 몇 년 더 회사에 다니고 MBA를 갈까, 싶다가도 뭐가 얼마나 달라질까, 싶다. 간단한 문제였다면, 휴직계를 내고 은해군에 내려오지 않아도 됐을 거다.

**'그냥 지금은 인생에서 방황이 필요한 시기인 걸까?'**

이런 생각이 들었다. 그렇게 침대에서 뒤척이다 스르륵 잠이 들었다.

다음 날, 아침 겸 점심을 먹고 카페 오픈 시간에 맞춰서 집을 나섰다. 마음이 복잡했다.

아름다운 은해군의 바다를 보며 작가님과 두런두런 이야기를 나누며 손님을 위한 커피를 내리고 나니 드디어 카페 마감 시간이었다. 오늘은 커피 대신 마리아쥬 브랜드의 마르코 폴로라는 이름을 가진 홍차를 우렸다. 복잡한 마음을 달래기 위해선 같은 카페인이라도 커피보다 차가 좋을 것 같았다.

작가: 강준 씨, 오늘 얼굴을 보니 어젯밤 늦게까지 그 브랜드들을 찾아본 모양이에요.

강준: 아. 잠 못 잔 티가 나나 보네요. 맞아요.
그런데요. 작가님, 정리가 잘 안 돼요.

작가: 이건 내가 정리한 건데, 한번 봐봐요.

| 트랜스폼 피봇 | | | | | |
|---|---|---|---|---|---|
| 브랜드 | 핵심 기술 | 기존 비즈니스 | 방향성 | 신규 비즈니스 | 포인트 |
| 프록시 헬스케어 (2019) | 미세전류 '트로마츠' 기술 (미생물막=바이오 필름 제거) | 선박 따개비 제거 | 대중 산업 ▶ | 오랄케어(칫솔), 펫케어, 비염 치료기, 세안기기 | 사람에게 쓸 수 있는 기술 |
| 후지 필름 (1934) | 필름 산화억제 – 항산화 기술, 디지털 이미징 기술 | 카메라 필름 제조 | 미래 산업 ▶ | 안티에이징 화장품, 의약품, 의료기기 | 화장품과 헬스 케어에 쓸 수 있는 기술 |
| 통인 가게 (1924) | 미술품의 수집, 판매, 운반, 보관 | 골동품 가게 운영 | 부가 산업 ▶ | 이삿짐, 문서 보관, 물류, 연구소 | 이사와 이동에 쓸 수 있는 기술 |

일단 내가 결론 내린 '트랜스폼 피봇'은 이래요.

먼저 브랜드 핵심 기술의 확장성을 파악해야 해요. 그런 후에는 타 산업에 적용 가능한지를 조사하고요.

그런 다음에 브랜드와 브랜드 핵심 기술에 맞는 확장 방향성을 정해야죠. 브랜드가 성장할 수 있는 곳이 어느 쪽인지 환경 분석과 시장 분석 후에 대중 산업, 미래 산업, 부가 산업 중에서 검토해야 해요.

브랜드가 가진 핵심 기술에 맞는 이 3가지(대중 산업, 미래 산업, 부가 산업) 방향성을 찾아도 아마 산업의 폭이 꽤 넓어서 금방 결정하긴 어려울 거예요. 그럴 때는 '트랜스폼 피봇'의 포인트를 정확하게 수익성과 성장 및 확장 가능성에 따라 분류하고 진출한 산업군을 정해야 해요.

강준: 네, 작가님. 혹시 그럼 이 브랜드들은 유사-확장 비즈니스는 안 한 건가요?

작가: 에이~ 사업에 그런 게 어디 있어요. 성장할 수 있다면 해야죠. 캐쉬 카우(Cash Cow)의 역할을 할 비즈니스 파트는 어떤 브랜드나 필요하니까요.

강준: 그래요?
어떤 쪽으로 했는데요?

작가: 프록시 헬스케어는 자동차 공조 장치 비즈니스를 했어요. 후지 필름은 디지털카메라, 복사기, 인화 장비 비즈니스를 하고요. 통인 가게는 갤러리와 화랑을 하며 현대 미술품도 판매해요.

다만, 트랜스폼 피봇에 더 활성화된 브랜드라 거기에 중점을 두고 설명한 거죠. 아마 강준 씨가 회사의 유사 산업 분야 확장이 걱정스러운 건, 그 확장이 캐쉬 카우조차도 안 되고 적자만 날까 싶어서일 거예요. 확장은 소비자나 사업 환경 변화에 따라 바뀌어야 해요. 쉽지 않지만 해야만 해요.

한 예로, 세계 최초의 플라스틱 밀폐용기를 1946년에 대중에게 선보인 미국의 타파웨어(Tupperware)가 2024년에 파산보호신청을 했어요. 요즘 소비자는 환경 보호, 미세 플라스틱 때문에 플라스틱 용기에 관한 생각이 전처럼 긍정적이지 않아요.

타파웨어도 플라스틱을 탈피해서 고가의 냄비나 프라이팬 등을 출시했지만, 파산보호 신청을 한 걸 보면 잘 안 되었던 모양이에요. 오래된 브랜드일수록 트랜스폼 피봇에 대해 진지하게 고려해 봐야 해요. 어떻게든 변화해서 살아남아야 하잖아요. 브랜드는 사람이 아니니 80살이든 200살이든…

강준: 맞아요…

작가: 강준 씨가 어제 말한 것도 이렇게 정리해서 책에 넣을 예정이에요.

**트랜스폼 피봇Transform Pivot**
**핵심 기술의 잠재력을 찾아서 산업군을 확장하는 것.**

**\* Transform 변형, 탈바꿈   \* Pivot 중심축**

강준: 우와! 신기해요. 제가 듣고 정리해 본 말이 들어간다니!

작가: 강준 씨는 내용을 정리하는 능력이 뛰어나요. 이번 회사 확장 건도 조금만 더 파고들면 해결점을 찾을 수 있을 거예요.

강준: 작가님! 저희 회사도 특허가 몇 개 있긴 한데요.
'프록시 헬스케어, 후지 필름, 통인 가게' 같은 리더가 없어서 안 될 것 같아요. 제가 어찌한다고 될 문제가 아닌 것 같아요. 조사해 보니까, 그렇더라고요.

작가: 응? 아~ 그럼, 강준 씨가 알아도 쓸 수 없다는 생각이 드는 거면… 트랜스폼 피봇 이야기는 그만할까요?

강준: 아, 그래도 이 '문제'를 해결하고 싶은데.
(한숨을 쉬며) 하…

작가: 강준 씨 그럼, 오늘 하루만 더 직접 트랜스폼 피봇에 대

해  찾아보고 내일 다시 나랑 이야기해 볼래요?

   그러고도 아니면 이건 넘어가죠.


   강준: 넵, 감사합니다. 작가님!

삶은 살아가는 자의 것이다.
그러니 살아 있는 자는 변화에 대비해야 한다.

Life belongs to the living,
and he who lives must be prepared for changes.

— 요한 볼프강 폰 괴테
(Johann Wolfgang von Goethe)

\* 독일 문학의 거장으로 불리는 괴테는 『젊은 베르테르의 슬픔』, 『파우스트』로 독일 문학을 세계 곳곳에 알린 인물로 유명하다. 가난이나 고통을 표현할 때 관용적으로 쓰이는 '눈물 젖은 빵'도 괴테가 쓴 것이다. 그는 소설 『빌헬름 마이스터의 수업 시대』에서 이렇게 썼다.
'눈물 젖은 빵을 먹어 보지 않은 사람은, 울먹이며 다음 날을 기약하면서 캄캄한 절망의 시간을 지내보지 않은 사람은, 그대 어두운 힘을 모르리.'

https://contents.premium.naver.com/fashionlab/knowledge/
contents/241028030728856xz

아를의 랑그루아 다리

Langlois Bridge at Arles, 1888
빈센트 반 고흐(Vincent van Gogh)

고흐가 프랑스 남부의 아를(Arles)에서 1년간 머무를 때 그렸다고 전해진다.
고국 네덜란드의 운하에서 흔히 볼 수 있는 도개교를
프랑스에서 보고 고향을 떠올리며 목판화처럼 단순하게 그렸다.

도개교(drawbridge)는 평소에는 보통 다리지만,
키가 큰 배가 강을 지나갈 때면, 다리의 절반이 양쪽 위로 열리는
트렌스폼 구조로 되어 있다.

랑그루아 다리는 현재 본래 위치에서 이전하였고, 그곳은
'반 고흐의 다리(Van Gogh bridge)'라 불리며 관광 명소가 됐다.

# 트랜스폼 피봇의
# 시장 수익성

오늘은 쉬는 날인데도 불구하고 대낮부터 빈센츠 카페로 향했다. 어제 퇴근해서 계속 트랜스폼 피봇과 관련이 있을 만한 브랜드를 찾아봤지만 이렇다 하게 맞는 브랜드를 찾지를 못했다.

'젠장, 생각이 많아서 그런가?' 아무튼, 오늘 아침에 일어나자마자 박 작가님한테 전화해서 솔직하게 말씀드렸다. 그랬더니 괜찮다며 점심 때 카페로 오라고 하셨다.

작가님한테 죄송스러워서 은해군에서 제일 맛있다는 후라이드 치킨집에 들러서 치킨을 사서 갔다. 도저히 빈손으로 갈 용기가 안 났다.

내가 카페로 들어오자, 작가님은 얼음이 가득 든 커다란 잔에 콜라를 콸콸콸 부어 주셨다. 그렇게 작가님과 난 브랜드 콜라챗을 시작했다.

▌ **Brand, cola chat** ▌

작가: 치킨 잘 먹을게요. 강준 씨.

강준: 아니에요. 작가님. 저희 회사일 때문에 괜히…

일부러 시간도 따로 더 내어 주셨는데… 제가 생각만 많아져서 회사 일을 어떻게 할지 결론을 못 냈어요. 죄송해요.

작가: 음~

나는 회사 일보다는 강준 씨를 위해서 오늘 시간을 낸 건데요?

강준: 네?

작가: 강준 씨! 복직할 거죠? 얼마나 더 다닐 거예요? 이직 생각은 있어요? 지금 이 회사 확장일요. 휴직계까지 냈는데, '내 일도 아닌데 이렇게까지 해야 하나' 싶죠? 투잡이나 N잡도 당연히 생각하고 있죠? 그럼, 대학원은요? MBA는 어때요? 창업은요? 서울에

서 아니 한국에서 계속 살 거예요?

강준: 으악! 작가님. 그거 저도 맨날 생각하는 건데요.
결론이 안 나요.

작가: 강준 씨, 괴테가 쓴 파우스트에는 이런 말이 나와요.
'인간은 노력하는 한 방황한다.'
지금 결론을 못 내리는 건 노력하고 있기 때문일 거예요.
어제 이야기한 내용 찾아보느라 잘 못 잤죠? 강준 씨, 눈이 벌
게요. 트랜스폼 피봇이 뭔가 강준 씨한테 트리거가 된 것 같은데,
쭉 한번 파보면 어때요?
집중하다 보면 강준 씨의 노력이 방황이라고 느끼지 않게 되
는 순간이 올 거예요.

강준: (자세를 바로 하며) 작가님! '따개비와 치석', '카메라 필름
과 안티에이징 크림', '골동품 가게와 이삿짐 센터'처럼 문제를 해
결하려면… 어떻게 해야 해요?

작가: 세상에는 문제 해결이나 혁신을 위한 다양한 방법론이
존재해요. 그런데 대부분의 방법론이 공통되게 말하는 게 있어요.

강준: 그게 뭐예요?

작가: 문제를 '잘' 정의하고 해결 방법을 찾죠. 그 과정이 힘들긴 해요. 그래도 문제를 제대로 정의하면, 다양한 해결 방법들을 찾게 되죠. 쉬운 해결 방법이 아니라요.

대부분 쉽게 찾은 쉬운 해결 방법은, 해결이 안 되는 방법일 때가 많거든요. 그렇게 찾은 방법이 윤리적으로 크게 문제가 없다면, 수익성 좋은 것은 선택하면 돼요. 때로는 이 선택에 브랜드의 창립 목적이나 창업자의 신념이 영향을 미치기도 하죠.

강준: 네.

작가: 제일 중요한 건 수익성 중에서도 '시장 수익성'이에요.

했던 말을 또 하는 것 같지만, 중요하니깐 한 번 더 설명할게요. 어제 말했던 '수익성과 성장 및 확장 가능성', '어떻게든 변화해서 살아야 한다'를 좀 더 쉽게 풀어서 말하자면 이래요.

세상에 모든 산업은 사양길에 접어들 때가 있어요. 이건 사람이 태어나고 죽는 것처럼 어쩔 수 없는 일이죠. 증기기관을 지금은 잘 쓰지 않는 것처럼요. 하지만! 사양 산업은 있어도 사양(斜陽)의 뜻처럼, 몰락해서 저무는 브랜드는 없도록 해야죠.

강준: 무슨 일이 있건, 세상이 어떻게 흘러가건, "내 브랜드는 수익을 내서 살아남게 하겠다!" 이건가요? 절대로 사양길에 접어들지 않겠다?

작가: 그렇죠! '따개비와 치석'으로 예를 들었던, 프록시 헬스케어부터 말해 볼게요.

'시장 수익성'을 놓고 이렇게 질문해 보는 거죠.

세상에 선박을 가진 사람이 많을까요?

매일매일 이빨을 닦는 사람이 많을까요?

강준: 아!

작가: 코로나19 이후로 전 세계인이 위생에 민감해졌어요.

노령화 사회로 갈수록 치아 건강은 중요시될 거고요. 한국 사람 10명 중 3명 이상이 전동칫솔을 쓴다는 결과치도 있고, 전동칫솔 시장이 성장할 거란 전망도 있어요.

이 모든 내용은 예측과 전망이라 100% 실현되지 않을 수도 있지만, 이미 가지고 있는 기술을 써서 브랜드의 카테고리를 넓힐 수 있다면? 안 할 이유가 없겠죠?

프록시 헬스케어 입장에서는 '대중 산업'으로 확장 방향을 잡는 게 좋죠.

강준: 그렇네요.

작가: '카메라 필름과 안티에이징 크림'의 후지 필름도 보면, 다른 것 같아도 마찬가지예요. 잘 봐요. 이것도 따개비 제거와 같은

맥락이에요. 후지 필름은 필름이 시간이 지나도 변색되지 않게, 산화되는 것을 방지하는 콜라겐을 만들어 내는 기술이 있었어요. 콜라겐이 사람 피부에 좋다는 걸 후지 필름이 몰랐을까요?

강준: 아니요. 알았을 것 같아요.

작가: 그럼, 카메라 필름이 전성기이던 시절에는 왜 콜라겐 화장품을 출시하지 않았을까요?

강준: 음. 군이 그럴 필요가 없었을 것 같아요. 필름이 잘 팔리니까요.

작가: 맞아요. 필름만으로도 '시장 수익성'이 충분했겠죠. 카메라 산업도 잘 됐을 때니 군이 할 필요가 없었을 거예요. 하지만, 인터넷의 보급과 함께 디지털카메라가 떴고, 아이폰까지 등장하면서 세상이 완전히 바뀌었죠.

강준: 아! 그래서 후지 필름의 방향성을 '미래 산업'이라고 하신 거군요!

작가: 그래요. 우리가 곧 120살까지 산다고 하잖아요.
후지 필름은 자신들의 기술을 적용한 산업의 방향성을 사람의

건강과 관련된 의약품과 의료기기로 '미래 산업'을 지향하게 됐어요. 트랜스폼 피봇을 한 거죠. 이쪽이 복사기나 디지털카메라에 집중하는 것보다 미래의 '시장 수익성'이 좋으니까요.

강준: 음. 그럼, 통인 가게가 좀 특이한데요? 골동품을 팔다가 이삿짐 센터를 하는 건 좀.

작가: 그렇게 볼 수도 있지만, 실제 사업을 하는 사람 입장에서는 그렇지도 않아요.

강준: 왜요?

작가: 신사업이 지금 하는 비즈니스나 그 고객과 관련이 높고, '시장 수익성'이 보장된다면 당연히 하는 거죠. 강준 씨, LG 그룹하면 뭐가 생각나요?

강준: 백색 가전은 LG다?

작가: LG 그룹이 사업을 화장품으로 시작한 거 알아요?

강준: 네에?????

작가: 원래는 한복 옷감을 팔던 포목점이 시작이긴 한데요. 회사를 세운 건 화장품을 제조해서 팔면서부터예요. 그때는 이름이 LG 그룹도 아니었고 '락희화학 공업사'였다고 해요. 당시는 해방된 지 얼마 안 됐을 때라서 외제가 더 좋던 시절이었어요. 그래서 락희화학 공업사(현 LG 화학)는 영어로 된 브랜드 이름에 외국 영화배우의 얼굴을 붙인 '럭키 크림'을 출시해서 대박이 나죠.

문제가 있었다면 화장품 용기가 유리라서 운반하다 보면 잘 깨진다는 거였대요. 그러다 플라스틱으로 화장품 용기를 만들면 깨지지 않는단 걸 우연히 알게 됐죠. 그 길로 화장품으로 번 돈에 추가 자금을 조달해서 플라스틱 공장을 차렸고, 지금의 LG 그룹에 밑바탕이 되었죠.

강준: 와! 부가 산업에 투자 플렉스(Flex)해서 대기업이 된 거네요.

작가: 요즘 말로 하면 그렇겠네요. 기업 외부에서 볼 때는 사업 간의 연관성이 적어 보여도 실무단에서는 확장성이 충분한 '부가 산업'이 늘 존재하기 마련이에요.

내가 통인 가게의 '부가 산업'을 따로 소개한 건, 골동품 비즈니스가 일반적이질 않아서예요. 골동품은 만들어 낼 수 있는 제품이 아니고 전문가 감정을 거쳐야 해요.

또, 통인 가게는 부가 산업이 있더라도 어지간해서는 '브랜드 확장'에 턱하고 베팅하기 어려웠을 거예요. 통인 가게는 '데이비드 록펠러'도 찾는 가게였으니까요? 이런 글로벌 고객을 어설픈 카테고리 확장으로는 만족시킬 수 없을 게 뻔하죠. 그러니 통인 가게는 현대 미술 갤러리나 박물관 같은 유사 산업군 외에는 돈을 많이 벌더라도 함부로 사업을 확장하기 어려웠을 거예요.

강준: 록펠러 재단의 그 록펠러요?

작가: 맞아요. 그는 존 D. 록펠러의 손자이자 미국의 은행 총재였어요. 그가 통인 가게의 김완규 대표님에게 "세계적인 회사가 되려면 세계적 시스템을 갖추라"라고 조언했대요. 1970년대 당시 한국은 골동품이라고 해도 안전하게 운반이나 배송하는 시스템이 부족했다고 해요. 신문지에 싸서 주는 정도였으니….

지금 한국의 택배 시스템을 떠올려 보면 상상도 할 수 없는 시대였죠.

강준: 신문지는… 록펠러 씨가 돌려서 말한 거 같네요.

작가: 통인가게는 LG 그룹과는 다르지만, 자신에 가장 잘할 수 있는 방식의 '부가 산업'으로 트렌스폼 피봇을 해요. 바로 골동품과 연관된 '록펠러' 같은 고객의 요청이나 필요에 귀를 기울인 거죠. 골동품을 잘 운반하고 배달할 수 있으면, 이삿짐 센터도 잘할 수

있겠죠?

골동품을 잘 보관할 수 있다면, 골동품처럼 중요한 문서 보관
도 잘할 수 있죠!

강준: 다른 듯해도 이어지네요. '시장 수익성'도 기존 고객 때
문에 확보할 수 있었겠어요. 진짜 '동공이곡(同工異曲)'이네요.
작가님, 쉬는 날에 저 트랜스폼 피봇 한번 파볼게요.

작가: 쓸 일이 없을 텐데도요?

강준: 그래도요!

14th day

# 브랜드
# 리더의 말

어제 카페에서 숙소로 돌아오며 먹을 것을 잔뜩 사 들고 들어왔다. 빈센츠 카페의 휴일인 오늘, 온종일 트랜스폼 피봇을 공부할 요량이었다.

'프록시 헬스케어, 후지 필름, 통인 가게'부터 차곡차곡 정리해 가다 보니, 이 브랜드들의 리더가 한 말이 귓가에 맴돌았다. 포스트잇을 꺼내서 적고 책상 앞에 붙여 놓았다. 그리고 계속해서 트랜스폼 피봇한 브랜드를 찾고 기록하고 정리했다. 가벼운 마음으로 은해군의 밤바다를 걸으며 포스트잇에 쓴 3개 브랜드의 글귀를 떠올렸다. 그리고 내가 새롭게 찾은 트랜스폼 피봇 브랜드를 떠올려 보니, 왠지 큰 산을 하나 넘은 듯 뿌듯한 기분이 들었다.

II2

칫솔 형태는

150여 년 전 처음 모습에서

크게 달라지지 않았다는 점에 착안했다.


기술을 접목해 칫솔에 혁신을 불어넣어 보자는 뜻을 담았다.


나아가


'기술을 접목해 인류의 삶을 윤택하게 해보자.'


— 김영욱 대표, 프록시 헬스케어

**(경상일보, 2024년 인터뷰 中)**

무조건 사업을 확장하는 것이 아니라 FTD 원칙인

우리가 가진 기술 중에서
필요한 성분을 밸런스 있게 배합하여(formulation)
필요한 장소에(targeting)
필요한 형태로 제공한다(delivery).

이에 따라 사업을 확장해 나갔다.
이를 위해 우선 현재 기업이 갖고 있는 자산을
꼼꼼하게 검토하였다.

'우리는 무엇을 갖고 있는가?'
'우리는 무엇을 잘할 수 있는가?'

이러한 질문에 창의를 더해 기업이 갖고 있는 자산을 응용하여
나아갈 수 있는 길을 모색하였다.

— 후지 필름의 FTD(Formulation, Targeting, Delivery)

(2013년 LGERI 리포트 中)

철학에서 항상 말하는 게,

'점이 모여서 선이 되고 선은 일직선상에서 만난다.'

이거잖아요?
내가 해왔던 일들과 하려는 일들이 서로 다른 것 같지만,
점이 모여서 선이 되는 것처럼
모두 같이 있는 겁니다. 떨어져 있는 게 전혀 아니죠.

— 김완규 대표, 통인가게
(조선일보, 2024년 인터뷰 中)

빈센츠 카페가 쉬는 오늘, 박상림 작가는 은해군의 바다를 보면서 노트북 속 자신의 원고를 계속 고치고 또 고쳤다.

'이렇게까지 할 필요가 있을까?' 싶을 때마다 니체의 글을 곱씹었다. 자신에게는 그저 활자로 된 한 문장일지언정 누군가에게는 불안을 잠재울 정보도 되고 위로도 될 수 있을 테니까.

**그 하룻밤,**
**그 책 한 권,**
**그 한 줄이**

**인생을 바꿀지도 모른다.**

— 프리드리히 니체(Friedrich Nietzsche)

＊ 자신을 현실주의자라 여겼으며 '신은 죽었다'라는 표현 등으로 망치를 든 철학자라 불렸던 독일의 유명 철학가로 『차라투스는 이렇게 말했다』 등의 책을 썼다. 니체는 "인간의 위대함을 위한 나의 공식은 아모르 파티(Amor fati – 운명을 사랑하라)다"라는 말을 남겼다.

# 트랜스폼 피봇,
# 비싼 취미 vs 사업

오늘은 홀가분한 마음으로 빈센츠 카페로 향하고 있다.

어제 하루를 온전히 트랜스폼 피봇 브랜드를 찾고 공부하는 데 써버렸지만, 보람찼다. 걱정하고 불안해하며 멍 때리지 않고, 생산적으로 보냈기 때문이다. 오늘 박상림 작가님에게 조사한 걸 들려 드리면 어떤 피드백을 줄지도 기대됐다.

빈센츠 카페에서 바리스타로서의 하루를 여유롭게 보내고, 브랜드 커피챗을 하기 위해 박 작가님과 같이 자리에 앉았다. 오늘은 커피가 아니라 트와이닝의 카모마일 차로 준비했다.

강준: 작가님! 저 어제 이것저것 트랜스폼 피봇을 기준으로 브랜드를 찾아봤는데 들어봐 주세요. 다 아실 수도 있지만요.

작가: 좋아요.

강준: 제가 찾은 '대중 산업'으로 트랜스폼 피봇한 브랜드는 코카콜라(Coca-Cola)예요. 초창기의 코카콜라는 음료가 아니라 약이었고, 탄산 대신 술이 들어가 있었대요. 약보다는 음료, 술보다는 탄산음료가 더 대중적이라서 '대중 산업'으로 봤어요!

코카콜라에 주재료가 되는 콜라나무는 원래 페루나 볼리비아의 원주민들이 약제로 2000년 넘게 사용해 왔어요. 그걸 미국의 약사인 존 펨버턴(John Pemberton)이 처음에는 와인에 콜라나무를 섞어서 프렌치 와인 코카(French Wine Coca)라고 해서 자양 강장제로 팔았고 두통에 효과가 있었다고 해요. 하지만, 1886년 펨버턴 박사가 있던 애틀랜타에 금주령이 시작되면서 와인 대신 탄산과 첨가물을 더해서 지금의 콜라의 원형을 만들었어요.

작가: (아는 이야기지만 호응해 주며) 네~.

강준: 당시 펨버턴 박사 밑에서 일하던 프랭크 로빈슨(Frank

Robinson)이 주성분의 이름을 조합해 브랜드 이름이 '프렌치 와인 코카'에서 지금의 코카콜라(Coca-Cola)가 되었고 둘은 동업자가 돼요. 아쉽게도 펨버턴 박사는 2년 후에 약재상인 아사 캔들러(Asa Candler)에게 권리를 팔고 얼마 후에 유명을 달리해요. 그래서 로빈슨은 캔들러와 동업자가 되고, 코카콜라를 지금처럼 청량음료로 마케팅해서 팔아요.

코카콜라는 무료 쿠폰 홍보로 잘 팔리게 됐대요. 당시 교환된 무료 쿠폰이 무려 850만 장이나 되었는데, 쿠폰을 발행할 때 이렇게 생각했대요.

**"코카콜라를 한 번도 마셔 보지 않은 사람은 있어도,**
**한 번만 마신 사람은 없잖아?**
**무료 쿠폰을 나눠 줘서, 일단 맛보게 하자!"**

작가: (웃으며) 강준 씨, 달변가네요? 또 있어요?

강준: (살짝 우쭐하며) 작가님! 이어서 '미래 산업'으로 트랜스폼 피봇한 브랜드인 넷플릭스(Netflix)를 소개할게요. 넷플릭스는 지금은 사양 산업이 된 DVD 비디오 대여점으로 시작했지만, OTT(Over The Top) 플랫폼을 연계한 엔터테인먼트 회사가 됐어요.

작가: 맞아요.

강준: 넷플릭스는 1998년에 서비스를 시작한 온라인 DVD 비디오 대여점이었어요. 리드 헤이스팅스(Reed Hastings)와 마크 랜돌프(Marc Randolph)가 시작했어요.

당시 넷플릭스 홈페이지에서 DVD를 빌리면 우편으로 받고 우편으로 반납하는 시스템이었어요. 월정액 요금을 내면 DVD를 무제한으로 빌려 주기도 했죠. 미국은 땅이 넓어서 이런 서비스가 큰 인기를 끌었다고 해요. 2000년대 초중반부터 인터넷이 확산되면서 2007년부터 넷플릭스는 영상 콘텐츠의 온라인 스트리밍 서비스를 시작했고 글로벌로 확장해요. DVD처럼 배송이나 재고 관리를 할 필요가 없어져서 쉽게 할 수 있었어요. 이때 편승하지 못한 거대 DVD 비디오 대여 회사였던 '블록버스터(Blockbuster)'는 2010년 파산 신청을 하게 돼요.

작가: : 네.

강준: 넷플릭스의 CEO인 헤이스팅스는 2013년에 직원과 투자자들에게 앞으로 넷플릭스가 어떻게 성장할지와 콘텐츠 제작 방향에 대한 메모를 공개해요. 2019년에 발표된 하버드 비즈니스 리뷰에서 당시의 메모 일부를 공개했어요.

2013년에 쓴 메모지만 현재 넷플릭스의 성공이 그려지는 내용이에요. 메모 내용에 풀이를 더해서 말하자면 이래요.

"우리—넷플릭스는 (영상 콘텐츠의 OTT 플랫폼 부분에서)
Comcast, Sky, Amazon, Apple, Microsoft, Sony 또는
Google과 광범위하게 경쟁하지 않을 것이며,
(저 기업들과) 경쟁할 수도 없습니다.

우리 넷플릭스가 크게 성공하려면
(특정 분야에) 집중된 열정을 가진 브랜드가 되어야 합니다.

스타벅스-Starbucks처럼
(오래 머물며 즐기는 곳이) 돼야 하고,
세븐 일레븐-7 Eleven같이
(잠깐 들리는 편의점이) 되면 안 됩니다.

사우스웨스트-Southwest 항공사같이
(독특한 브랜딩으로 고객을 끄는 흑자 기업이) 돼야지,
유나이티드-United 항공사처럼
(보편적인 브랜드로) 가려는 게 아닙니다.

HBO처럼 (글로벌 프리미엄 영화 채널을 가진 방송사로)
만들어야 하고,
Dish같이 (파산한 블록버스터를 인수한, 가입자가 준 미국의 위성 방송
사가) 되면 안 됩니다."

작가: (손뼉을 치며) 잘 찾아냈네요. 강준 씨!

강준: 진짜요? 그럼, 이제 '부가 산업'을 해도 될까요?

작가: (차를 크게 들이키며) 좋아요.

강준: 제가 찾은 '부가 산업'으로 트랜스폼 피봇한 브랜드
는 소위 아멕스 카드라고 불리는 아메리칸 익스프레스(American
Express)예요.
아메리칸 익스프레스는 1850년 헨리 웰스(Henry Wells),
윌리엄 파고(William Fargo), 존 워런 버터필드(John Warren
Butterfield)가 각자 가지고 있던 회사를 합병해서 미국에서 탄생했
어요.

작가: 맞아요.

강준: 아메리칸 익스프레스는 처음에는 미국 도시 간에 상품
이나 귀중품 등을 배송하는 물류 회사였어요. 그러다가 부가 산
업을 확대한 건 윌리엄 파고의 동생인 제임스 콩델 파고(James
Congdell Fargo)가 대표가 되면서였어요. 제임스는 33년간 회사를
이끌어요.
제임스 파고가 대표이던 1882년대에는 지금 같은 계좌 이체

시스템이 없었어요. 그래서 우편으로 돈을 보내는 '우편환(Money order)' 사업을 시작해요. 물류 회사를 하고 있었으니깐 우편으로 돈을 운송하는 것도 가능했던 거죠.

우편환을 서비스하다 보니 해외에도 수요가 있다는 걸 알게 돼요. 지금이야 카드로 결제하면 되지만, 1800년대 말에는 카드도 없고 유로화로 통합되기 전이라 매번 돈을 환전하는 게 무척 번거로웠대요.

작가: 네.

강준: 그래서 제임스 파고는 1891년에 '여행자 수표(Travelers Cheque)' 사업을 시작해요. 1985년에는 파리에 유럽 최초의 아메리칸 익스프레스 사무실을 열고 글로벌하게 진출하게 돼요.

이게 1900년대 초에 다 이루어졌고, 이후에 금융과 카드 회사로 이어졌어요. 물류 회사가 금융 회사가 될 수 있을지는 정말 몰랐어요.

작가: 이 정도면 하산해도 되겠는데요? 강준 씨?

강준: 그래요? 찾으면 더 찾을 수 있을 것 같은데 우선은 여기까지에요. 그런데 작가님, '시장 수익성'에 따라서 움직이는 게 정말 중요한가요?

작가: 아무래도요. 강준 씨.

음~ 패션 브랜드 하는 친구가 하나 있는데 이 주제에 딱 맞는 친구의 이야기가 있어요.

중학교 동창 중에 하라는 공부는 안 하고 맨날 옷만 사 입는 녀석이 있었어요. 걔가 그러다가 대학도 패션디자인과에 가더니 취직도 안 하고 옷 파는 쇼핑몰을 한다는 거예요.

강준: 네?

작가: 그저 옷이 좋아서요. 이것저것 해외 브랜드를 구매 대행해서 팔고, 자체 제작 의류도 팔았죠. 나중에는 쇼핑몰을 하나 더 확장해서 내더니 동대문에서 저렴한 옷을 사입해서 10대 중·고등학생한테 파는 거예요. 저가로요.

10대 옷은 전혀 얘가 좋아하는 스타일의 옷도 아닌데 옷에 미친 녀석이 왜 이러나 했죠.

강준: 그러게요?

작가: 그리고 몇 년 지나니깐 건물주가 됐다길래, 술 한잔 사라고 하고 물어봤죠. 왜 그랬냐고요. 그랬더니 10대한테 파는 저가 의류는 사업으로 하는 거고, 자기가 좋아하는 스타일의 옷은 취미로 하는 거래요.

강준: 네에???

작가: 너무 이상해서 꼬치꼬치 캐물어 보니깐 이렇게 말해 주더라고요.

"상림아,
내 스타일의 옷을 수입하고, 옷 만들어서 파는 거 꽤 잘 팔렸다.
그런데 온라인 쇼핑몰이잖아. 그러면 다들 카드 결제를 해.
나는 공장이랑 도매업자한테 매일 혹은 매주 현찰 결제를 해야 하는데…
카드 결제는 3월에 판 게 4월이나 5월이 돼야 입금되니깐.
분명 돈을 벌었는데 결제하려고 보면 통장에는 돈이 없는 거야.
그때 쇼핑몰 세무 업무를 아버지 친구분이 해주셨는데,
내가 매번 돈에 허덕이니깐 술 한잔 사주시면서 이러시더라.

'너 언제까지 사업 안 하고, 비싼 취미만 할 거냐?
매출액만 번지르르하면 그게 사업인 줄 알아?
제 주머니에 돈이 남아야 사업이지!'

나 그 순간에 정말 머릿속이 새하얘졌어.
내가 진짜 내 꼴리는 대로 살고 있구나.
수익으로 사업을 돌리는 게 버거운데 이게 사업이 맞나? 싶더라.

세무사 아저씨 붙잡고 제일 빨리 결제되는 '옷팔이'가 뭐냐고 물었지. 누가 얼마 벌고 얼마나 남기는지는 세금 관리하는 분들이 제일 잘 아니깐.

그러니깐, 중고등학생을 대상으로 옷을 팔라고 하시더라고. 미성년자는 카드 결제를 못 해서 인터넷 쇼핑몰에서 옷을 살 때 무통장 입금, 계좌 이체를 해서 현금이 빨리 돈다는 거야. 아저씨 말을 듣기만 했는데도 숨통이 트이더라.

할까? 말까? 고민을 많이 하다가 했지. 내가 좋아하는 옷을 계속하고 싶어서, 내 취향은 취미로 두고, 사업은 사업으로 한다. 덕분에 건물주도 됐고."

강준: 작가님, 저 지금 뼈 맞았어요. 돈이 안 돌면 비싼 취미라니!

작가: 뭐, 이것도 옛날이야기에요. 요즘은 10대들도 다 카드 쓰잖아요.

강준: 아! 그래도요.

작가: 트랜스폼 피봇이 솔직히 줏대도 없는 것 같고, 깊게 안

보면 초심도 왔다 갔다 하는 것 같고 살짝 폼이 안 나 보일 수는 있어요.

강준: 아니요! 비싼 취미보다는 사업을 해야죠. 저희 회사에 딸린 식구가 몇인데요!
전 트랜스폼 피봇 좋아요. 멋지다고 생각합니다.

작가: 강준 씨가 관점을 그렇게 바꿨으니 이제 선입견이 좀 걷혀서 트랜스폼 피봇으로 확장할 만한 산업군들이 잘 보일 거예요.

강준: 작가님, 친구분 이야기 이번 책에 꼭 넣어 주세요. 이해가 팍 돼요!

작가: 아니, 이런 건 브랜드 책에 넣긴 좀⋯

강준: 왜요? 독자 입장에선 이해가 팍 되는 데도요?

작가: 아! 이것도 내 선입견일 수 있겠네요. 넣을게요.
독자를 위해서라면!

# 브랜드의
# 장르 집중도

어제는 기분 좋게 회사 동료랑 통화를 했다.

트랜스폼 피봇만 빼고, (박 작가님 책은 아직 출간 전이니까!) 내가 조사한 코카콜라(Coca-Cola), 넷플릭스(Netflix), 아메리칸 익스프레스(American Express) 이야기를 했다.

동료랑 일을 하면서 같이 공부하는 느낌이 묘하게 좋았다. 일타쌍피의 쾌감이랄까? 그런데 무언가를 잊고 있는 기분이 들긴 한데 기억이 나질 않았고 긴 통화를 마치고 나니 피곤해서 일찍 잠이 들었다.

이른 아침을 먹고 오늘은 직접 뛰어서 은해군의 들판과 바다를 즐겼다. 책상맡에 붙여 놓은 고흐의 바다 그림이 잔상처럼 겹쳐 보였다. 숙소로 돌아와서 단백질 쉐이크를 한 잔 마시고 빈센츠 카페로 향했다. 그런데 오늘 작가님이 좀 이상하다. 일하는 중간중간 핸드폰만 보고 계신다.

## Brand, coffee chat

강준: 작가님, 여기 커피요.

작가: (살짝 놀라며) 아! 아! 고마워요.

강준: 오늘따라 핸드폰으로 뭘 그렇게 보세요?

작가: 그게…
그때 강준 씨가 구워 준 쿠키로『브레드 앤 버터』를 보고 나서요. 쿠키가 좀 남았길래, 웹소설을 보게 됐는데 이번 거도 멈출 수가 없네요?

강준: 네에?! 풉!

작가: 강준 씨 그렇게 웃으면 내가 좀…

강준: 아! 죄송해요. 작가님이랑 뭔가 갭 차이가 너무 나서 저도 모르게 웃어 버렸네요.

작가: 흠! 난 이거 보면서 요즘 세상 공부도 브랜드 공부도 되는 기분인데요? 들어 봐요. 내가 읽어 보니까 웹소설과 소설은 다르더라고요. 소설은 시대상을 소설가의 관점을 통해서 보며 작가의 세계관에 독자가 빠져들죠.

그런데 웹소설은 그 시대상에 살고 있는 개인인 독자의 즐거움을 위해 독자가 읽고 싶은 세계관을 작가가 대신 써주는 느낌이에요.

그래서 스낵 컬처(snack culture)라고 하나 봐요. 글의 호흡이 짧고 문장이 유려하진 않지만, 매일 먹어도 맛있는 떡볶이처럼 이야기를 맛있게 꾸며서 제공해요.

강준: (특별할 게 없다는 듯이) 네, 뭐 그렇죠.

작가: 웹소설의 가치는 '많이 읽혀야만 하는 문제'가 있고, 브랜드는 '팔리는 걸 만들어야 하는 문제'를 안고 있어요. 이 둘은 셰익스피어나 헤르만 헤세가 아니니까요. 존재 자체만으로는 가치가 없죠.

강준: (조금 흥미가 생긴 듯이) 네.

작가: 요즘처럼 경기가 안 좋고, 멋진 브랜드가 넘쳐 나고 해외 제품을 사기 쉬울 때 브랜드를 판다는 건 정말 어려운 일이에요. '시장 수익성'이 나는 곳으로 트랜스폼 피봇을 하지 않으면, 요즘 같은 시국에 브랜드는 손가락 빨기 딱 좋아요. 그래서 난 요즘 브랜드가요.

## 웹소설처럼 고객을 파악하고 만들어서
## 에르메스처럼 팔아야 한다.

이렇게 생각해요. 요즘 대부분의 브랜드가 에르메스처럼 만든 것도 웹소설의 가격처럼 낮게 팔고 있거든요.

강준: 그건 그래요. 요즘 제 소셜미디어도 온통 세일 정보나 절약에 대한 거예요. 유튜브도요.

작가: 참! 강준 씨, 유튜브 하니깐 생각난 건데요.
우리 딸이 이제 10대인데 벌써부터 화장품과 메이크업 도구를 자기 엄마보다 더 잘 알아요. 얘네는 유튜브와 틱톡으로 화장법을 배워서 그렇다더라구요.
우리 딸이 엄마한테 화장품 바르는 퍼프 1개를 만 원에 샀다고 혼난 적이 있어요.

강준: 그… 마카롱보다 쪼금 큰데 끈 하나 달린 얼굴 두들길 때 쓰는 퍼프요? 마카롱도 한 개에 만 원은 안 하는데, 요즘 물가가. 에휴!

작가: 나도 처음에 그렇게 생각했어요. 그런데 얘 이야기를 잘 들어 보니깐 이게 또 살만한 거예요. 일단 우리 딸이 사달라고 한 건, 옷처럼 빨아서 쓰는 퍼프래요.

강준: 그걸, 빨아요?

작가: 딸이 여드름이 나도 화장하니깐, 자극이 돼서 그런지 여드름이 안 낫고, 엄마한테 혼나면서 피부과에 가는 악순환에 연속이었는데요. 옷처럼 빨아서 쓰는 퍼프를 바꾸고 많이 좋아졌대요.
나는 빨아서 쓰는 퍼프라서 청결에 도움이 돼서 만 원인가 했어요. 그런데 딸 이야길 들어 보니 빨아서 쓰는 것도 쓰는 거지만, 퍼프 종류마다 피부 표현이 달라진대요. 홈페이지 설명을 보니깐 이 퍼프만 52만 개를 팔았다고 하더라고요.

강준: 52만 개요? 그 브랜드 이름이 뭐예요? 한번 볼래요.

작가: 더툴랩(The Tool Lab)이에요. 난 이 브랜드가 '웹소설처럼 고객을 파악하고 만들어서 에르메스처럼 팔고 있다'라고 생각

해요. 웹소설처럼 더툴랩이 장르 집중도가 높거든요.

강준: 어떤 면에서요?

작가: 웹소설은 장르의 세분화가 명확하고 깊어요. 예를 들어서 능력치가 최고인 '먼치킨'이 주인공인데, 소설로 '빙의'를 했고, 10대라서 학교에 다니는 '학원물'이라 '성장'을 하려고 보니, 원래는 현재의 극을 이끄는 인물이 주인공이 아니라 '악역 조연'인 거죠. 그런데 빙의로 인해 인물의 성격이 달라지니 등장인물 모두가 악역 조연을 좋아하는 '하렘물'이 돼버린 거죠.
여기에 소설의 배경이 듣도 보도 못한 중세 시대면 이건 '판타지-로맨스-성장-빙의-하렘-학원물'이 돼요. 이게 또 남성을 위한 스토리냐 여성을 위한 스토리냐로 플랫폼도 갈리죠.

강준: 맞아요! 모르는 사람이 보면 모르는데 아는 사람은 다 알죠.

작가: 더툴랩은 툴(Tool)에 집중한 화장품 브랜드예요. 웹소설이 서브컬처인 것처럼, 사실 퍼프는 화장품계의 주인공은 아니죠. 우리 딸 입장에서 퍼프는 여드름균을 옮기는 '악역 조연'이었죠.
하지만 유튜브와 틱톡으로 화장법을 배우는 요즘 세대들은 다양한 메이크업 툴을 아주 잘 써요. 그중에서도 다들 피부 표현

에 집중해요.

더틀랩의 그 만 원짜리 퍼프는 4개의 버전이 있어요.

보송, 촉촉, 커버, 아쿠아. 보송보송한 마무리, 촉촉한 피부 표현, 이런 의미일 텐데 이걸 또 건성이나 지성이냐에 따라서 다르게 쓸 수 있대요. 다른 제품의 구성도 비슷해요. 웹소설로 해석하자면, 본래는 조연이었던 퍼프가 '빨아서 쓴다'라는 컨셉을 엎고, 주인공에 준하는 역할을 하게 된 거죠. 퍼프지만요.

구체적이고 그들만의 세상처럼 '장르 집중도'가 높아요.


강준: 와! 진짜 여자만의 세계 같은데, 세분되어 있어서 전문성이 느껴지긴 해요.


작가: 강준 씨, '장르 집중도'가 높으면요. 대중화가 가능해요. 첫 브랜드 커피챗 때 말했었죠?

브랜드는 빅뱅이고 고객은 팬이라고요.


강준: 넵! 잘 알죠. 그런데 대중화는….


작가: 음. 장르 집중도가 높으면 대중화할 수 있어요. 장르 집중도가 높다는 건 블랙홀처럼 특정 고객을 빨아들이는 거거든요. 작가나 창업자의 생각에 매몰되지 않고 독자나 고객을 파악하고 만들기 때문이죠. 웹소설이 잘 되면, 영화나 드라마가 되죠. 그래서

| 장르 집중도 ↑ | ▶ | 대중화 ing |
|---|---|---|
| 조연 | ▶ | 주연 |
| 웹소설 | ▶ | 영화, 드라마 |
| 화장 도구 | ▶ | 쿠션 팩트 |

요즘 신춘문예에 등단한 작가도, 드라마 작가도 웹소설을 써요. 주객이 전도됐죠. 조연이 주인공이 된 거예요.

더툴랩은 메이크업에 관련된 도구를 주로 판매하다가 '쿠션 팩트'를 출시해요. 그전까지는 쿠션 팩트에 들어갈 조연인 퍼프를 만들어서 팔았는데, 이제는 충분한 팬층을 확보했으니 메이크업의 주인공인 '쿠션 팩트'를 출시하는 거죠.

강준: 아! 진짜… 그렇네요.

작가: 더툴랩의 '쿠션 팩트'가 궁금해져서 찾아봤더니, 더툴랩의 백수경 대표는 오랫동안 국내외 화장품 브랜드에 브러쉬를 제작하던 능력자더라고요.

강준: 오! 덕업일치(좋아하는 일을 직업으로)의 진화한 브랜드 버

전이 '장르 집중도'인 것 같아요.

작가: '장르 집중도'가 잘 구현된 대중화의 예시는 더 있어요.

무신사는 장르 집중도가 대중화된 브랜드예요. 무신사는 처음에는 패션 쇼핑 플랫폼이 아니었어요. 무신사는 현재 회장인 조만호 창업자가 만든 '무진장 신발 사진이 많은 곳'이라는 프리챌(Freechal) 커뮤니티로 시작했어요.

프리챌은 없어졌지만, 무신사는 점점 더 커졌죠. 무신사는 신발 커뮤니티에서 웹 매거진으로 성장했고, 2009년에 이커머스 사업으로 확장을 하면서 지금의 9,000억대(2023년 회계년 기준) 매출을 내는 브랜드가 돼요.

신발이라는 장르에 집중한 게 사람을 끌어들여 대중화된 무신사를 만들 수 있었던 거죠.

강준: 오! 저도 이 이야기는 들어봤어요.

작가: 이런 장르 집중도의 대중화는 한국에만 국한된 게 아니에요.

디팝(Depop)이라는 영국의 중고 패션 제품 거래 플랫폼도 무신사의 장르 집중도의 대중화와 유사해요. 디팝은 한국의 당근 마켓이나 번개 장터 같은 영국의 고객 간의 중고물품 거래(C2C) 플랫폼이에요.

디팝은 본래 창업자인 사이먼 베커만(Simon Beckerman)이 운영하던 서브컬처 잡지인 'PIG'에서 시작되었어요. 초창기에는 독자들이 잡지에 실린 유별나고 독특한 아이템을 어디서 살 수 있는지 계속 문의해서 답을 해주려고 만들었대요.

강준: 도대체 어떤 아이템이길래 잡지사에 문의한 거예요?

작가: 'PIG'는 범상치 않고 쉽게 구할 수 없는 패션 스타일을 소개했어요. '은색 바탕의 파란 호피 무늬 쫄바지' 같은 아이템이요. 그러니 질문을 잡지사에 할 수밖에 없었죠. 그래서 사이먼은 잡지에 실린 패션 아이템의 정보를 공유하는 커뮤니티 형식으로 디팝을 시작했어요. 그러다 2011년이 되어서 커뮤니티에 쇼핑 기능을 더하면서 SNS와 쇼핑이 결합된 중고 패션 거래 플랫폼인 디팝이 탄생한 거죠.

지금의 디팝은 TIME이 선정한 100대 영향력 있는 기업이고, 연 매출 6억 달러(약 8,000억대-2023년 회계년 기준)를 기록하는 중고물품 거래(C2C) 플랫폼이 되었죠. 아직도 디팝에서는 '은색 바탕의 파란 호피 무늬 쫄바지' 같은 독특한 아이템이 있다고 해요.

강준: 진짜요?

작가: 본질이 유지되는 거죠.

전혀 대중적이지 않은 '은색 바탕의 파란 호피 무늬 쫄바지' 같은 마이너 장르의 패션을 갈망하는 고객의 니즈(needs)에 답을 한 게 지금의 대중적인 디팝을 만든 거니까요.

강준: 와! 이렇게 들으니까 장르 집중도가 뭔가 성공 공식처럼 느껴지는 것 같아요.

작가: 비즈니스에 꼭 성공하는 공식이 있다는 건 좀 과장이지만, 초기 비즈니스 안착에는 도움이 될 거예요. 신생 브랜드의 경우는 단일화된 강력한 메시지와 기억에 남는 제품 하나를 소비자에게 각인시키는 게 더 빠르고 정확하게 시장에 침투할 방법이에요.

강준: 아… 장르집중도가 만병통치약은 아니지만, 초기 브랜드 각인에는 필요하겠네요.

작가: 맞아요. 또 '장르 집중도'가 잘 구현되면, 대중화뿐만 아니라 고급화도 가능해요.
아까 웹소설처럼 만들고 에르메스(Hermes)처럼 팔아야 한다고 했잖아요?

강준: 음~ 그런데 에르메스도 장르 집중도로 볼 수 있어요?

작가: 강준 씨, 에르메스는 가방 브랜드가 아니라 1837년에 승마용 안장을 만드는 마구용품으로 시작했어요. 튼튼하고 아름답고 실용적인 가죽 마구용품이라는 장르를 장인 정신에 따라서 만들며 거기에 예술적인 터치를 추가했죠. 주문 제작을 하며 그렇게 고객층을 확보했고, 점차 가죽을 중심으로 패션 쪽으로 카테고리를 확장한 거죠.

강준: 네. 그런데요, 작가님. 에르메스의 장르 집중도로 인한 고객층 확보가 확 와닿지는 않아요.

작가: 강준 씨, 마구용품은 일단 사람과 말을 모두 만족하게 해야 해요. 말은 자기 등에 태우는 안장이 불편하면 등에 올리기를 거부할 테고, 사람은 자기가 앉아야 하는 안장이 잘 맞지 않으면 승마하기 불편하니 잘 따져 보고 사겠죠?

에르메스의 창업자인 티에리 에르메스(Thierry Hermes)가 마구용품을 제작을 위해서 고객과 말에 대해서 많이 공부하고 또 커뮤니케이션을 했을 거라고 생각해요. 창업자가 그 제품의 장인이자 전문가인 거죠. 장르 집중도의 고급화에서는 창업자의 전문성이 큰 영향을 미친다고 바요.

또, 패밀리 비즈니스로 대를 물려서 브랜드를 키워 오면서 얼마나 많은 노하우(Know-how)를 자손들에게 물려줬겠어요?

강준: 아! 이제 이해가 가요.

작가: 에르메스는 가죽에 집중할 수밖에 없는 브랜드였어요. 승마용 안장에 쓰이는 가죽은 말과 사람에게 가장 직접적으로 닿는 부분이잖아요. 또 실용적이고 튼튼해야 비싸더라도 좋은 제품을 살 테니, 에르메스는 가죽에 대한 장르 집중도가 높은 브랜드가 됐죠.

에르메스가 카테고리 확장을 가방으로도 했지만, 승마용 안장도 가죽으로 만들고 가방도 가죽으로 만드니 에르메스 입장에서는 중심이 되는 장르는 같은 거죠.

그래서 에르메스는 매년 바뀌는 패션 유행과 별개로 가죽 제품 하나를 출시해도 그 수명이 오래가는 걸 지향했던 것 같아요.

강준: 아~ 에르메스는 뭐로 유명해요?

작가: 에르메스 하면 켈리백과 버킨백이 유명해요.

켈리백은 1930년도에 디자인됐지만, 1956년에 할리우드 배우였던 모나코의 왕비 그레이스 켈리(Grace Kelly)가 이 가방으로 임신한 배를 가리고 등장하면 전 세계적으로 인기를 끌게 돼요.

버킨백은 1984년 탄생했는데, 프랑스의 배우 겸 가수인 故 제인 버킨(Jane Birkin)이 원하던 여행 가방에서 출발해서 지금에 럭셔리 핸드백의 정점에 이르렀어요.

강준: (핸드폰으로 검색해 보며) 와!
그렇게 오래된 디자인 같아 보이지 않는데요?

작가: 장르 집중도가 무엇이냐에 따라 브랜드 제품의 수명도
길어지게 되는 것 같아요.
에르메스로서는 디자인할 때도 좋은 가죽에 집중하니 가죽 본
연의 장점을 살리고자 했을 거예요. 또 마구용품처럼 실용적인 제
품을 제작하던 곳이니 실용성도 포기할 수 없었고, 거기에 자신의
고객의 고급스러운 취향을 가미해야 했으니… 실용적이고 군더더
기 없으면서도 미적으로 뛰어나고 좋은 가죽의 질감을 살리는 심
플한 디자인을 할 수밖에 없었겠죠.

강준: 으아… 장르 집중도를 제대로 고수하기란 어렵네요.
이거 무슨 따듯한 아이스 아메리카노 같아요.

작가: 하하하. 그 표현 좋네요.
심플한 디자인이 더 만들기는 어렵다 보니 에르메스는 가죽
장인이 한 땀 한 땀 정성 들여서 가방을 만들게 해야 했고, 팔 수
있는 가방의 양이 적을 수밖에 없었어요. 그러다 보니 에르메스는
돈만 있다고 살 수 있는 브랜드가 아니게 되었죠.
수요는 있는데 공급이 부족해졌으니까요. 고객들은 원하는 색
상의 버킨백이나 켈리백을 사기 위해서 자신들의 이름을 웨이팅

리스트에 올리게 되고, 에르메스에 선주문한 가방을 먼저 받기 위해서라도 자신이 얼마나 단골인지 증명하듯 에르메스의 다른 제품을 사게 되었죠.

강준: 작가님, 그러니까. 내가 내 돈 내고 주문한 내 물건을, 빨리 받으려고 그 브랜드의 다른 물건을 사는 데 내 돈을 더 써야 한다고요? 좀 이상한데요?

작가: 이 부분은 논란의 여기가 있지만, 에르메스는 이것 또한 브랜드의 셀링(Selling) 포인트로 만들었어요. 에르메스 제품의 희소가치가 높아지고 문턱이 생긴 만큼 특권 계층이 주요 고객이 됐고, 일부 대중의 신분 상승 욕구와 특별해지고 싶다는 욕망을 자극했거든요. 교육자로서 에르메스의 이 부분을 두둔할 수는 없지만, 사업가라면 알아 둬야 할 부분이라고 생각해요. 시장과 고객의 숨은 심리를 꿰뚫은 거니까요.
가장 성공한 브랜딩의 결과는 품절, 완판, 웨이팅 아니겠어요?

강준: 그렇네요! 장르 집중도는 뭔가… 음. 대중화든 고급화든 브랜드의 움직임에 구심점 같은 역할을 하네요. 작가님이 보시기에 품절, 완판, 웨이팅 중에 뭐가 제일 브랜드 파워가 큰가요?

작가: 음~ 나는 웨이팅이요. 1930년대에 디자인된 켈리백을

아직도 웨이팅하는 2020년대의 고객이라니! 이것만큼 매력적인 브랜드의 광고·홍보 문구가 어디 있겠어요?

저런 매력이 있어야 '신상품 오픈런(Open Run)'도 가능한 거죠. 한마디로 밀당을 잘하는 거죠.


강준: 밀당이요?


작가: 예전에 우리 와이프가 해준 말인데, 밀당에서 주도권을 쥐는 건 어느 한쪽이 먼저 상대방을 기다린다고 느끼게 만들고…


강준: 만들고요?


작가: 그 기다림 때문에 생긴 조바심이 상대방을 대할 때 묻어나면, 밀당의 주도권을 쥐는 거래요.


강준: 오!


작가: 이 밀당의 키포인트는요.

기다림을 당한 당사자가 그에 대한 대응으로 오직 기다리는 것 외에는 할 수 없을 때예요.

이런 에르메스와의 밀당에 주도권을 잃은 고객은 계속 에르메스의 제품을 뭐라도 사면서 기다리게 되죠.

강준: 아! 저도 그런 적 있긴 해요. 웹소설 '화산귀환' 볼 때 작가님이 쉬시면 그 작가님의 X(구 트위터) 계정을 보거나 관련 굿즈 팝업도 가고 종이책으로 나온 단행본도 보고 그랬어요. 그러면서 다시 연재되길 기다렸어요!

작가: 그래서 나는 요즘 브랜드가 브랜드를, 웹소설처럼 만들고 에르메스처럼 팔기를 바라요.

물론, 브랜드의 장르 집중도 때문에 시작할 때 좁은 고객층을 가지게 될 수는 있어요. 하지만 시장이 포화상태라면 어지간한 제품으로는 시장에 안착할 수가 없어요. 어떻게든 고객의 기억에 남을 만한 장르를 찾고, 그렇게 고객을 팬으로 만들고 그들의 기억에 안착한 후에 대중화든 고급화든 확장을 도모해야죠.

장르 집중도의 힘은 서브나 마이너한, 주류가 아닌 장르로 시장에서 긴밀하게 고객의 니즈(Needs)를 커뮤니케이션을 통해서 습득하는 데 있다고 봐요. 브랜드와 긴밀해진 고객은 떠나가기 어렵고, 만약 대중화든 고급화든 브랜드가 확장하거나 변화하더라도 애초에 시작했던 장르 집중도의 구심점이 남아 있다면, 고객은 계속 잔류할 수밖에 없어요.

웹소설, 더툴랩, 무신사, 디팝, 에르메스처럼요.

강준: 그렇네요. 뭘 하든 특출나고 꾸준한 게 있어야 사람을 끌어모아서 팬으로 만들고 고객으로 만들 수 있는 거네요.

마이너한 장르든 서브 분야든 거기서라도 고객과 가깝게 소통하면서 '내가 만드는 것 중에 어떻게 시장에서 먹히는지'를 배우면서 변화해야겠네요. 어쩌면 그게 진짜 성장이자 진화의 원동력이 될 것 같아요. 이런 케이스가 또 있을까요?

작가: 사실 '방탄소년단(Bulletproof Boys)'도 그래요. K-pop은 대중문화에서 서브 장르였고 유튜브도 매스 미디어 중에서는 서브 플랫폼이었어요. 웹소설처럼요. 하지만 이 둘이 시너지 효과를 내면서 방탄소년단은 BTS가 되었죠.

K-pop 장르라는 한계에서 한국어로만 노래하던 BTS는 이제 영어로 노래하고 빌보드 차트에 오르잖아요. 만약 유튜브가 영상 번역 기술을 도입하지 않았다면? BTS의 뮤직비디오가 아무리 멋졌어도, 마음속 이야기를 대신 해주는 듯한 BTS의 한국어 가사를 언어가 다른 나라 사람이 깊이 공감할 수 없었을 거예요. 다행히 유튜브 동영상의 매력에 전 세계인이 빠져들면서 동영상 재생 및 번역 기술이 급속도로 발전했어요. 덕분에 BTS는 언어적 한계를 넘어 대중문화에 K-pop이라는 꽃으로 빠르게 만개할 수 있었죠.

이제는 전 세계에 있는 BTS의 팬들이 BTS의 다음 앨범을 기다리잖아요?

강준: 와! (손뼉을 치며) 쿠키를 구워 드렸을 뿐인데….

역시 같은 웹소설이라는 입력값의 인풋(input)이라도 작가님을 거치니 전혀 다른 출력값의 아웃풋(output)이 나오네요.

작가: 그렇다기 보다는… 음. 강준 씨, 인기 있는 모든 것에는 배울 점이 있다고 생각해 봐요. 그 배울 점을 찾는 노력이 '나만의 공부'가 돼요. 그러면 전혀 다른 것들의 공통점도 보이기 시작하고 그 안에서 '나만의 공부'가 될 것을 찾을 수도 있어요.

강준: 오! 저도 해볼래요. '나만의 공부'요.

상상이 아니라
실제 사람들이 불편하게 느끼는 것을
해결하는 비즈니스 모델을 가진 스타트업에 투자한다.

사업의 시작은 기능이나 기술이 아니라
고객의 필요에서 출발해야 한다.

— 권도균, 프라이머 대표

* 한국 '스타트업계의 대부' 또는 '창업자의 선생님'이라 불림. 초기
스타트업은 고객에게 집중해야 한다고 강조했던, 플래텀(Platum)의
2023년 '프라이머 데모데이' 기사 中

**17th day**

# 노력의 명대사와
# 새들 스티치

오늘은 빈센츠 카페가 쉬는 날이라 가까운 은해군의 도서관에 갈 예정이다. 어제 박상림 작가님과 나눈 브랜드 커피챗 때문에 나도 나만의 공부가 하고 싶어져서다.

핸드폰 메모 앱에 적어 놨던 웹소설 '화산귀환'의 명대사 하나를 포스트잇에 적어서 책상맡에 붙이고 도서관으로 향했다.

하고 싶은 걸 다 하고
남는 시간을 투자하는 걸
노력이라 하는 게 아니야.

내가 하고 싶은 일을
줄여 가며 하는 게 노력이지.

— 화산귀환 86화, 청명의 대사 中

* 한국의 무협 웹툰으로 키워드 검색량 1위의 인기를 얻고 있다. K-
웹툰의 국가대표 성공작이라고도 불린다.

가벼운 발걸음으로 은해군의 도서관으로 향하던 나를 연달아
2번 울린 핸드폰의 알림톡 진동 소리가 멈춰 세웠다. 톡을 확인하
고 나니 완전 군장을 한 채 연병장에 서 있는 듯 온몸이 무거웠다.
알림톡은 서울집의 관리비와 이번 달 카드결제 대금을 납부하라는
톡이었다.

'나만의 공부'라는 헛꿈을 꾸다가 현실로 주저앉았다. 유료로
숨 쉬는 인간 이강준… 지금 나만의 공부를 할 때일까? 재테크 강
의나 들을까? 의식할 새도 없이 나도 모르게 박 작가님한테 전화를
걸고 말았다.

작가: 여보세요? 강준 씨, 쉬는 날에 웬일이에요?

강준: (축 처진 목소리로) 엇! 아…
그게. 교수님, 쉬시는 날인데 죄송해요.

작가: 괜찮아요. 그냥 바다를 보면서 멍 때리고 있었어요. 편하게 말해요. 강준 씨.

강준: (한숨을 살짝 쉬며) 작가님, '나만의 공부'를 하면요.
음… 브랜드 사례를 많이 알면 결국 도움이 될까요? 작가님이 제가 구워 드린 쿠키 때문에 웹소설로 '나만의 공부'를 한 것처럼 저도 뭔가 새로운 걸 배우면요. 좀 더 괜찮은 의사결정을 할 수 있을까요?

작가: 음~ 나도 강준 씨랑 똑같은 생각을 한 적이 있어요. 은해군에 집필하러 내려올까 말까, 아내랑 한창 상의를 하던 때였죠. 아내 혼자서 사춘기 딸을 돌본다는 게 쉬운 일을 아니라서 싸우기도 많이 싸웠죠.

강준: 아…

작가: 이걸로 한창 아내랑 냉전 중일 때, 아내가 어디서 가죽공예 원데이 클래스가 당첨됐다고 같이 가자고 했어요. '이건 화해의 사인이다!' 싶어서 냉큼 따라나섰죠. 그 클래스가 아니었으면 아마 은해군에 못 내려왔을 수도 있어요.

강준: 사모님이 져주신 건가요?

작가: 아하하! 그런 부분도 있지만, 우리 둘 다 그 가죽공예 원데이 클래스를 듣고 크게 느낀 바가 있어서였어요.

강준: 가죽공예 원데이 클래스로요?

(호기심 어린 목소리로) 작가님, 이해가 잘 안 가요. 좀 더 자세하게 설명해 주세요.

작가: 좀 비약이 심한 것 같죠? 그런데 아니에요.

나와 아내에게 각자의 '나만의 공부'가 되었어요. 프랑스 손 자수를 즐겨 놓던 아내는 충격을 받은 수준이었죠.

바느질이란 행위는 똑같은데, 그게 적용되는 필드가 천이냐 가죽이냐에 따라 기존에 알던 바느질 방법을 뒤엎는 새로운 방법이 필요하더라고요. 아내가 은해군이라는 공간이 작가 박상림에게 가죽공예 클래스 같은 곳이 되어 줄지도 모르니 가보라고 해줬어요. 좀 이상하죠?

강준: 오… 네, 작가님!

작가: 잘 들어봐요.

음~ 천에 하는 손바느질이랑 가죽에 하는 손바느질이랑 여러 가지가 다른데요. 가장 큰 차이는요. 천에 하는 손바느질은 바늘로 천에 구멍을 내서 실을 통과시켜요.

그런데 가죽에 하는 손바느질은요. 가죽에다가 손바느질용 바늘구멍을 먼저 뚫어 놓고, 그 사이로 바늘을 통과시켜서 꿰맨다는 거예요. 간혹 가죽에 낸 바늘구멍이 작아지면 송곳으로 구멍을 한 번 더 뚫어서 넓힌 다음에 바늘을 통과시키고요.

강준: 네…?

작가: 또 한 가지 크게 다른 점도 있어요. 가죽용 손바느질은요. 가죽에 뚫은 한 개의 바늘구멍에 2개의 바늘을 이용해서 실을 오른쪽 한 번, 왼쪽 한 번 이렇게 2번 통과시켜서 양손으로 한 땀씩 당겨서 꿰매요. 그러면 실이 잘 풀리지 않는데요.

사실 그러기 위해서 가죽용 손바느질 실을 바늘에 끼우기 전에 왁스도 묻혀요. 그러면 바느질하고 나서 실이 잘 끊어지지도 않고, 바늘구멍에 왁스가 메워져서 더 단단히 실이 고정된다고 해요.

강준: 네에에? 바늘로 한 땀을 뜨는 게 사실은 두 땀이고, 그걸

뜰 때마다 양손으로 당긴다고요? 너무 과한 수공예인데요? 실에 왁스 칠까지 하면 시간이 많이 들겠어요. 작가님, 진짜예요?

작가: 아하하하. 강준 씨 반응을 보니, 이 설명을 들을 때 아내가 짓던 세상을 잃은 듯한 표정이 생각나네요. 가죽 공예는 직접 해보니 시간도 힘도 품도 많이 들긴 하더라고요.

이 가죽용 손바느질 방법은 에르메스에서 만든 '새들 스티치(Saddle Stich)'라고 불러요. 에르메스가 승마할 때 말 등에 사람이 앉는 가죽 안장(Saddle)을 만들기 위해서 고안한 가죽용 튼튼한 손바느질 방법이라고 해요.

에르메스의 새들 스티치 방법으로 가죽을 한 땀씩 꿰매는 동영상이 있어요. 링크를 보내 줄 테니까 0.5 배속으로 천천히 함 봐봐요

https://www.youtube.com/watch?v=jmDJFnejt3c

에르메스의 새들스티치

강준: (동영상을 보며) 어? 아! 오~

진짜 바늘구멍 하나에 실이 오른쪽 한 번, 왼쪽 한 번, 두 번 통과하네요. 와! 이렇게 만들면 진짜 튼튼하겠어요. 어떻게 한 땀 한 땀을 이렇게 손으로 당겨서 하는지… 진짜 장인이네요!


작가: 한 땀 한 땀 꿰매는 데 걸리는 시간은 천이랑 가죽이랑 다르지만요. 겉으로 보기에는 천에 손바느질한 것과 가죽에 손바느질한 것의 차이가 거의 없어요.

하지만 에르메스는 승마용에 필요한 튼튼한 '나만의 손바느질 방식'이 필요했고, 그 손바느질 방법을 고안해 낸 거죠. 가죽공예 원데이 클래스 끝나고 아내가 이렇게 말을 하는 거예요.

**"당신이 계속 쓰던 게 책이라서 예전처럼 학교 연구실에서 써도 될 텐데, 이번에는 왜 유난스럽게 은해군까지 간다고 하나 했는데…**

**겉으로 보기에는 똑같아 보여도
그 똑같아 보이는 결과를 만들어 내기 위해서는
상황에 따라 다른 방법을 써야 하는 것 같아.**

**그동안은 천에 손바느질하는 것처럼 책이 술술 풀렸다면,
이제는 가죽에 손바느질하는 것처럼 방법도 달라야 하고,
당신에게 시간도 힘도 더 필요할 땐가 봐.**

은해군에 가서 써봐.

예전처럼 베스트셀러가 나올 수 있을지도 모르겠다.

당신 잘 되면, 다 내 덕이다?"

강준: 작가님, 이러시면 쏠로 이강준은 웁니다.

작가: 아니… 그런 의미로 한 말은 아니고요.

강준: 에이~ 알죠. 장난이에요.

작가: 아무튼 강준 씨, 뭐든 배우고 읽어 봐요.

강준 씨 세대에는 재테크도 중요하니깐 그것도 배우는 두고요. 전혀 돈 버는 데 필요 없을 것 같은 가죽공예나 악기도 배워 봐요. 철학책을 읽어도 좋고요.

할 때는 '이걸 해서 뭘 하나' 싶어도 꼭 얻는 게 있어요. 한 분야를 깊게 파는 그것만큼 다양한 분야를 두루 아는 것도 '문제 해결 방법의 시야'를 넓히는 것도 계기가 되요.

만약 강준 씨가 커피를 배우지 않고 은해군에도 오지 않았다면, 지금의 브랜드 커피챗은 없었을 거예요. 강준 씨에게 기회와 시야를 넓혀 줄 공부를 선택해요.

강준: 그렇네요… 저도 해봐야겠어요!

# 빈센츠 카페의
# 건물과 땅값

**'30분 일찍 출근해서
느긋하게 바다를 보면서 커피 한잔해야겠다.'**

이렇게 생각하며 빈센트 카페로 출근한 나는 당황스러운 상황과 마주하게 됐다. 카페 앞에서 서성이는 중년 남성 두 분이 있었는데, 카페 문이 열리기를 기다리고 있던 눈치였다.

**'이런 일은 한 번도 없었는데, 뭐지?'**

일단 자본주의 미소를 살갑게 날리며 인사를 건네고 카페 문을 열었다. 남자분은 기쁜 듯 인사를 받아 주셨고, 은해군 사투리를 쓰는 분이 '오늘의 커피'를 2잔 시키셨다. 보통 카페라면 이러지 않겠지만, 빈센츠 카페 주변은 허허벌판이라 어쩔 수 없었다.

우선 손님 두 분께 물을 내어 드리고, 자리로 돌아가 '오늘의 커피'를 내렸다. 듣고 싶지 않아도 들리는 두 분의 대화를 듣다 보니 사투리를 쓰는 분은 부동산 중개인이고, 서울 말씨를 쓰는 분은 땅을 사러 온 듯했다. 서둘러 내린 커피 향이 지난밤 동안 쌓인 카페의 묵은내를 차분히 증발시켰다.

내가 커피를 가져다 드리자, 은해군 사투리를 쓰는 남성분이 내게 말을 거셨다.

중개인: 허이고. 영업시간 전인데 고마워요↘.
새로 오신 점장님이신가 봐요↗?

강준: 아, 넵. 온 지 얼마 안 됐어요. 점장은 아니고 커피 만드는 바리스타입니다.

중개인: 네에. 저기 여기, 작가님은 서울 가셨나바유↘…

강준: 넵. 그렇다고 들었습니다.

손님: 그렇군요. 여기 카페 주변 땅 보러 서울서 왔는데.

작가님이 내놓으신 물건이 없으셔서 딴 거 하고, 아쉬운 대로 커피라도 마시러 왔네요.

중개인: 미련을 버리셔유. 오늘 사시기로 한 땅도 펜션 하기 좋아유\.
여기 계약서를 일단 보셔유\. 보셔\.
직원분, 일 보셔유\. 우리들은 요것만 보고 호로록 먹고 갈꺼여유\.

강준: 넵, 맛있게 드세요.

중년 남성 두 분은 계약서를 쓰고 나서 커피를 호로록 드시며 먼 산 보듯 물끄러미 은해군의 바다를 보시고 카페 오픈 시간 전에 자리를 뜨셨다.
나는 작가님 것까지 커피를 2잔 내리며 지난번에 뭔가 까먹은 것 같은 커피챗거리가 빈센츠 카페에 대한 것이었단 걸 깨달았다.

**'도대체 박상림 작가님의 어머니는
어떻게 이 근처 땅값을 올리신 걸까?'**

## Brand, coffee chat

강준: 작가님, 저희 못다 한 이야기가 있어요!

작가: (뜬금없다는 듯) 네?

강준: 빈센츠 카페 주변 땅값이 오른 거요. 도대체 작가님 어머니가 뭘 하신 거예요?

작가: 아! 아~ 그러네요. 그 이야기에 마무리를 안 했네요.
뭐 일단 우리 어머니는 예술가고, 이 빈센츠 카페 건물이 이뻐서라고 할 수 있어요. 어머니만의 이 공간과 지역에 대한 브랜딩 같은 거예요. 훗, 말도 안 되죠?

강준: 네! 솔직히 좀…

작가: 나도 그렇게 생각했는데, 내가 틀렸더라고요. 그러니까 은해군에 내려왔죠. 20만 자나 쓴 원고를 엎고요. 빈센츠 카페 때문에 근처 땅값이 오르고, 카페가 외진 곳에 있는 데도 손님이 오는 게 이해가 안 갔어요. 어머니한테 물었더니 너무 심플하게 답을 하시더라고요.

**"이 들판에 랜드마크처럼 빈센츠 카페가 있으면 무엇이든 근처로 몰려들겠다."**

싫으셨다고요. 내가 내려와서 지내보니 여긴 은해군 시내랑은 멀지만, 버스 정류장이 가깝고 기차역도 가까워서 교통이 좋더라고요. 카페에서 바라보는 바다도 예쁘고, 건너의 산도 그렇고, 카페가 있는 이 들판도 아름다워요. 여기가 사진 동호회의 출사 관광지로 유명한 곳인데도 주변에 횟집과 대형마트 말고는 건물이 없더라고요.

어머니는 '여기' 하면 딱 떠오르는 랜드마크 같은 건물에서 풍경을 즐길 수 있으면 사람이 몰리겠다 싶었고, 그걸 실행에 옮기신 거죠.

강준: 맞아요! 그건 그래요!

작가: 좀 더 캐물으니까, 이건 어머니가 구겐하임 미술관(Guggenheim Museum Bilbao)을 다녀오시고 드신 생각이래요.

강준: 어! 그 은빛의 독특한 모양이 멋진 건물이요? 그건 저도 알아요.

작가: 미술관이 세워진 곳은 스페인의 쇠락한 공업 도시 빌바

오(Bilbao)라고 해요. 공업 도시는 한번 그렇게 되면 다시 살리기가 참… 그런 곳이죠. 그런데 지금 빌바오는 구겐하임 미술관 덕분에 연간 100만 명이 찾는 관광도시가 되었어요.

강준: 하긴! 이건 저도 알 정도니깐…

아, 그래서 빈센츠 카페도 약간 그 미술관처럼 생뚱맞게 덜렁 혼자 멋지게 지으신 건가 봐요? 그런데 땅값은 왜 올라요?

작가: 맞아요. 이걸 전문 용어로는 '스필오버 효과(Spillover Effect)'라고 해요. 땅에 물이 넘쳐 흐르면 옆에 있는 메마른 곳까지 물이 공급된다는 의미에요.

빈센츠 카페 덕분에 주변이 좋아 보이는 거죠. '스타벅스가 들어오면 그 주변 땅값이 오른다'도 스필오버 효과를 말하는 거예요.

강준: 네, 빈센츠 카페 건물이 좀 있어 보이긴 해요. 그런데 여긴 미술관이 아니라 카페라 사람이…

작가: 이건 어머니 영향이 커요. 빈센츠 카페와 어머니 작업실이 완성되자마자, 오프닝 파티를 여셨죠. 그리고 갤러리나 아트 페어 관계자분들과 미팅도 이곳에서 하길 고집하셨어요. 사실 서울에서 오려고 하면 또 못 올 거리는 아니잖아요?

그러다 보니 한적하던 이 길이 뭔가 북적이게 된 거죠.

강준: 아! 사람이 모이는 곳은 부동산이 오르죠.

작가: 그래도 좀 제 기준에선 애매했는데, 지금 빈센츠 카페의 현상을 주장했던 옛날 책이 있더라고요. 『신창조 계급(The Rise of the Creative Class)』이란 책인데, 번역서는 2011년에 나왔는데 원서는 2002년에 발간됐죠.

강준: 그런 경우도 있어요?

작가: 저 책의 저자인 토론토 대학의 리처드 플로리다(Richard Florida) 교수가 주장한 게 실제로 일어났으니까요. 안 좋은 쪽으로요. 강준 씨, '젠트리피케이션(Gentrification)' 알죠? 낙후된 구도심에 중산층 이상의 계층이 유입되어서 기존에 거주하던 저소득층 주민은 살던 곳을 떠나는 현상이요.

강준: 네, 알아요. 이거 사회적 문제잖아요.

작가: 사실 이 단어는 1964년에 루스 글래스(Ruth Glass)라는 영국의 사회학자가 쓴 단어예요. 하지만 "무엇이 젠트리피케이션을 가중시키냐"에 대한 부분은 조금 애매했거든요.
그런데 리처드 교수가 'The Rise of the Creative Class'에서 이렇게 주장한 거죠.

대도시의 크리에이티브(예술가)한 인재와 기술 전문가가 모이는
지역이 큰 경제적 번영으로 이어질 거라고 했어요.
그는 책에서 전 세계 시장들을 향해 이렇게 말해요.
경기장이나 콘서트홀을 짓는 데 돈을 쓰지 말고,
지역에 대기업 유치를 위해
세금 감면으로 유혹하지 말라고요.

대신 멋지고 젊은 크리에이티브(예술가, 음악가, 작가 등)한 인재와
활기찬 카페 거리 문화가 있어서
힙스터가 있고 싶어 하는 도시를 만들라고요.

지역이 3T 즉,
기술 Technology, 재능 Talen, 포용력 Tolerance를 가
지면 이런 사람들이 모여들어 경제적 번영을 이룰 거라고요.

강준: 이거 그거잖아요! 가로수길, 홍대, 경리단 길, 성수동의
젠트리피케이션요.

작가: 맞아요. 리처드 교수가 젠트리피케이션을 조장할 나쁜
의도로 책을 쓰진 않았겠지만… 이론이 실제 사회에 적용될 때의
부정적 영향까지 모두 고려하긴 어렵죠.
어머니는 젠트리피케이션으로 작업실 월세가 오르면서 이사를

가고 가고 또 가면서 용어는 모르지만, 이걸 알고 계셨더라고요.

강준: 우와!

작가: 이걸 역이용해서 빈센츠 카페를 계획하신 거더라고요. 그래서 이 일대의 땅이 헐값일 때 아버지와 제게 투자라며 사라고 하신 거였어요. 어머니는 당신의 그림이 팔릴 때마다 번 돈으로 카페가 정면으로 보이는 길가 건너의 산비탈 땅을 제일 먼저 사셨어요. 사생활 보호, 조망권 보호라고 하시면서요.

강준: 아! 어쩐지 그래서 벽이 없는 데도 벽이 있는 것처럼 카페가 통창인데도 주변 시선이 부담스럽지 않았나 봐요.

작가: 그렇죠? 카페에 하루 종일 있어 보니 그게 참 좋더라고요. 어머니는 카페 뒤쪽 땅에 작은 헤이리처럼 아티스트를 위한 레지던스를 운영할 예정이세요. 그 외에는 갤러리나 별장용 타운 하우스 단지를 만드실 분들한테만, 팔 예정이래요. 분위기 훼손을 막기 위해서 이 건물을 지은 건축가 교수님에게 디자인 감수를 받는다는 계약조건도 있고요.

강준: 아! (손님을 보채던 중개인 아저씨를 떠올리며)
하하, 그렇네요. 너무 멋지신데요?

작가: 어머니만의 이 공간과 지역에 대한 브랜딩이죠. 그래서 내려왔어요. 어머니의 큰 그림을 그리는 지혜가 녹아든 여기에 있다 보면 나도 좀 눈이 트이지 않을까 해서요.

https://contents.premium.naver.com/fashionlab/knowledge/
contents/241028031119980pp

동영상으로 보는 ― 생트 마리 드 라메르의 바다 풍경

Andrey Zakirzyanov

그 어느 누가 상상이나 했을까?

반 고흐가 보았던 생트 마리의 바다를
반 고흐의 그림을 동영상으로 만들면 어떨지 말이다.

아티스트 Andrey Zakirzyanov는
상상만으로나 그려 보던 생트 마리의 바다를
고흐의 붓터치를 살려 애니메이션으로 만들었다.

이토록 유연하고 새롭고 아름다운 동시에
고전적이며 살아 있는 듯한
빈센트 반 고흐를 기리는 작품은 다시 없을 것이다.

19th day

# 브랜드보다
# 예측보다 실무

오늘은 생각이 많다. 회사에 복귀할 날이 얼마 안 남았기 때문이다. 서울로 돌아가면 뭘 해야 할까? 공부가 더 하고 싶어지긴 했다. 박상림 작가님 옆에 있다가 보니 브랜드를 찾아보는 것도 재밌어서 MBA도 괜찮을 것 같은데… 아닌가? 지금 하는 게 맞나?

나무가 아니라 숲을 봐야 하는데, 큰 그림을 그려야 하는데, 잘 모르겠다.

어쨌든, 생각을 차단하고, 몸을 움직여 카페에서 열심히 커피를 내렸다. 이런 나 오늘 좀 어른 아니고 제대로 된 '으른' 같다. 생각에 지배당하지 않는 모습이!

작가: 강준 씨, 이거 좀 먹어 봐요. 클램 차우더 수프예요.

강준: 네?
아! 가, 감사합니다. 작가님. 그런데 갑자기 웬 수프예요?

작가: 음~ 어제 만들고 남은 거예요. 갑자기 패밀리 레스토랑에서 먹던 이 클램 차우더 수프가 너무 땡기더라고요. 그래서 마트 가서 조개랑 감자 사서 유튜브 보고 만들어 봤는데, 너무 많이 만들어 버렸어요. 다행히 맛있기도 하고…
아까부터 강준 씨 배에서 계속 꼬르륵꼬르륵 소리가 나서 그냥 지나칠 수가 없어서요. 자~ 이거 오늘 아침에 마트에서 사온 바게트인데 같이 먹어 봐요.

강준: (민망해하며)감사합니다, 작가님. 뭔가 진짜 아빠 같아요.
참! 집필은 잘 되세요?

작가: 하하! 강준 씨만 한 아들은 없지만 그래도 딸 키우는 아빠니까요. 누가 배고파 하면 뭐라고 먹이고 싶어지더라고요.
책은, 음~ 생각보다는요? 아마 부모님이 돌아오시기 전까지는 주말부부로 지내면서 빈센츠 카페에서 집필을 계속할 것 같아요.

강준: (바다를 보며) 작가님은 이 좋은 은해군의 바다를 앞으로 몇 달간은 더 보실 수 있겠네요.

작가: 강준 씨, 무슨 일 있어요?

강준: 그냥 뭐 이제 좀 있으면 회사로 돌아가야 하잖아요. 현실로 돌아갈 생각을 하니깐. 좀 다운돼서요. 앞으로 어떻게 살지도 고민이고요.
다시 공부를 시작하면, 작가님이 어제 말씀하신 큰 그림을 그리는 법을 배울 수 있지 않을까 싶은 생각도 들어요. 나무가 아니라 숲을 보면서요. MBA도 좋을 것 같고… 하! 그런데 잘 모르겠어요. 확신이 안 생겨요.

작가: 음 ~ 나는 강준 씨가 아직은 회사에 다니는 안정적인 일상을 더 보냈으면 좋겠어요. 꼭 뭘 더 많이 배운다고 앞날을 잘 예측하고 풀어 나갈 수 있는 건 아니거든요. 일상의 연륜이 쌓이고 현장 경험이 더해지고 그러고도 공부가 하고 싶으면 그때 하는 게 좋아요.

강준: 작가님, 더 많이 배우면, 더 잘 예측할 수 있는 거 아니에요?

작가: 꼭 그렇지 않아요. 와튼스쿨의 필립 E 테틀록(Philip E. Tetlock) 교수가 2011년에 아주 흥미로운 실험을 한 적이 있어요.

'좋은 판단 프로젝트(Good Judgment Project)'라는 건데, 이 프로젝트는 2,800명의 평범한 미국인 지원자를 모아서 예측 토너먼트를 꾸렸어요. 그리고 이들에게 4년간 전 세계의 500개 이상의 지정학적 사건들을 예측하게 했죠.

지원자는 주부, 은퇴한 프로그래머, 사회복지사처럼 보통 사람들이었어요. 하지만 이 2,800명 중 일부의 예측은 국가정보 분석가의 적중률을 능가했어요. 이들을 필립 교수는 '슈퍼 예측가'라고 했죠.

강준: 어떻게 그럴 수가 있죠?

작가: 음, 그 평범한 사람은 예측할 때 '여우' 같았으니까요?

여기서 여우는 아르킬로코스(Archilochos)라는 시인의 시 중에 나오는 '여우는 많은 것을 알지만, 고슴도치는 중요한 것 한 가지를 안다'라는 구절을 뜻해요.

예측 전문가는 고슴도치 같아서, 확신에 찬 미래 예측인 '빅 아이디어'를 내려 한다고 봤어요. "○○○이 대통령이 될 것이다", "○○ 브랜드는 점유율은 낮을 것이다" 이렇게요. 예측임에도 불구하고 대담하게 100%나 90% 정도 확신하는 거죠.

고슴도치가 자기 가시를 너무 믿었달까요? 그런데 어디까지나 예측이니까, 이 확신에 찬 말들이 틀리는 거예요.

강준: 그럼, 슈퍼 예측가는요?

작가: 평범한 슈퍼 예측가는 여우 같아서, 가능한 한 많은 곳에서 정보를 수집하고 예측했어요. 그리고 '그럼에도 불구하고', '한편으로', '그러나', '하지만' 이런 말을 써서 설명했다고 해요. 60%와 70% 정도만 확신하고 계속해서 유연하게 예측 방향을 수정하면서 가능성을 말했죠. 틀린 게 있으면 인정하고 고치고 바꾸면서 예측의 적중률을 높였죠.

다시 말해서 이건 오히려 평범한 사회생활을 해본 사람이 절충하고 조율하면서 쌓는 연륜으로 가질 수 있는 능력이란 거죠. 학교에서 배울 수 있는 게 아니에요.

강준: 흠…

작가: 너무 교수님 같았죠? 한데 실제로도 그래요.

옷 쇼핑몰 하는 친구는 이걸 잘하더라고요.

애가 하루는 '트렌드 좀 보러 가자!' 이러는 거예요. 그래서 어디로 가면 되냐니깐, 까만 반팔티에 까만 청바지를 입고 홍대 클럽으로 오라는 거예요. "넌 무슨 놀자는 얘기를 이렇게 있어 보이게 하냐?"라고 했더니 자긴 거기에 패션 트렌드를 보러 간다는 거예요.

강준: 와! 꾼이시네요. 클럽 자주 가는 애들이 꼭 클럽에 음악을 들으러 간다고 하던데!

작가: 그래요? 그런데 이 친구는 진짜 거기 가서 트렌드를 보더라고요.

강준: 네에? 픞! 아, 죄송해요. 어떻게요?

작가: 어이없죠? 내가 강준 씨랑 똑같은 반응을 보이니까 이렇게 설명해 줬어요.

"좀 어이없겠지만, 너 잘 생각해 봐. 사람이 언제 멋을 내겠냐?
멋진 사람이 많은 곳에 갈 때는 다들 꿀리지 않으려고 멋을 내.
여기에 멋진 동성과 이성이 한데 섞여서 술을 마시며 돈 쓰는 곳에 가면?
더 멋을 내야지. 그런 곳이 어디야?

지금 내 브랜드, 내 쇼핑몰 고객 나이에 맞는 트렌디한 곳은 홍대 주변, 홍대 클럽이야.
멋을 내서 멋있어 보이려면 잘 어울리는 옷을 입는 것도 중요하지만 트렌디해야 하거든?
이게 고기도 먹어 본 사람이 맛을 안다는 거랑 똑같아.

맨날 트렌디한 것만 입는 사람은 금방 질려서 더 새로운 걸 찾아서 계속 트렌디하게 입게 돼.

바로 그런 사람들이 진짜 살아 있는 트렌드를 만드는
'트렌드 리더'야.
난 애네가 홍대 갈 때, 클럽 갈 때, 맛집 갈 때, 입는 걸 만들고 사입하고 수입해 와야 해!
이걸 와서 보지도 않고 감으로 한다? 웃기는 소리야!
사람은 걷거나 이동하고, 인파는 물처럼 흐르고, 트렌드는 고인물이 아니야. 활기차게 흐르는 강이야.

기억 속의 홍대는 '하더라' 통신이야. 지금 진짜 홍대에 가서 보고 느껴져야 그게 트렌드지.
현재를 잘 알면, 이다음에 올 트렌드를 짐작해서 사업을 할 수 있어.
지금을 알아도 다음을 점치기 어려운데, 지금도 제대로 모르면?
다음은 없어!"

강준: 우와… 진짜. 친구분은 갓물주 되실 만하네요!

작가: 강준 씨, 이 친구는 실제로 부딪치면서 일하면서 터득했잖아요? 공부가 모두에게 큰 그림을 그리게 해주지는 못해요.
큰 그림은 자신이 경험하고 아는 만큼 그려지고 그릴 수 있는

거예요.

강준 씨는 아직 MBA 입학 커트라인보다 경력도 짧으니까, 그동안 실무도 배우고 세상도 좀 더 알아봐요. 나무를 잘 알아야 어떤 군락의 숲인지도 알 수 있죠. 그러고도 강준 씨가 MBA에 뜻이 있다면, 그때 해요. 그럼, 공부한 걸 숲 전체를 보는 눈으로 쓸 수 있을 거예요.

누군가를 멘토링하는 섬세한 균형은
자신의 이미지대로 그들(멘티)을 창조하는 것이 아니라
그들(멘티)에게 자신을 스스로 창조할 기회를 주는 것이다.


The delicate balance of mentoring
someone is not creating them in your own image,
but giving them the opportunity to create them-
selves.


— 스티븐 스필버그
(Steven Spielberg)


＊ 미국 할리우드의 유명 영화감독이다. 그는 ET, 쥐라기 공원, 게이
샤의 추억, 트랜스포머, 쉰들러 리스트, 죠스, 마이너리티 리포트 등
타의 추종을 불허하는 다양한 영화를 감독했다. 또한, 업계에서 가장
배울 점이 많은 프로 중의 프로라는 평을 듣는 영화감독이다.

# 집과
# 길

오늘은 쉬는 날이라 은해군 시내의 맛집에서 여느 20대들처럼 점심을 먹었다.

맛있었지만, 맛있지 않았다. 뭔가 서울로 복귀하기 위한 예행 연습 같았다. 오늘따라 알 수 없는 공허와 불안이 나를 무미건조하게 만들었다. 그렇게 열을 올리던 나만의 브랜드 공부도 하고 싶지 않은 날이었다. 은해군 시내의 인파 사이로 섞여 들어 거리를 돌아다녔다. 마치 내 걱정을 길가에 간간이 놓인 쓰레기통에 버리려는 듯이 그랬다.

몇 시간쯤 지났을까? 카페인이 고파졌다. 의식할 새도 없이 그때 시야에 들어온 카페의 문을 열고 들어가서 커피를 주문하고 앉았다. 커피잔을 반쯤 비우고 나니 그제야 카페 안이 보였다.

책이 많은 서재 같은 카페였다. 내 자리에도 책이 있었는데, 뭐에 홀린 듯이 그중에서 낡고 바랜 시집 한 권을 집어 들었다. 시집은 한 번도 본 적이 없는데 오늘은 이상하게 손이 갔다. 빛바랜 시집을 뒤적이다가 어느 한 시에 눈이 머물게 됐다.

나는 그 시를 커피를 한 잔 다 비우고도 한 번 더 시켜서 마실 때까지 읽고 또 읽었다. 그러고 온라인 중고 서점에서 1998년에 나온 시집, 『세월』을 주문했다. 시의 뜻을 100% 이해할 수는 없었지만, 시를 반복해서 읽으면 읽을수록 내가 채워지는 느낌이었다.

덕분에 내 생각 속에 있던 변화라는 탈을 쓴 불안이 죽고, 지금 이끌리는 것이 무엇인지를 온전히 마주할 수 있게 된 듯했다.

**〈사랑과 죽음〉**

**집이 나에게 말을 합니다.**

**'그대의 과거가 여기에 살고 있으니**
**나를 떠나가지 마십시오.'**

그러자 길이 다시 말을 합니다.
'나는 그대의 미래이니
나를 따라오십시오.'

그래서 나는 집과 길에게 말했습니다.

나에게는 과거가 없습니다.
또한 미래도 없습니다.

내가 여기에서 머무른다면
나의 머무름은 계속될 것이고,
길을 떠난다면
계속 나아가게 될 것입니다.

하지만 이것들은 나를 변화시킬 수 없으며
사랑과 죽음만이
세상을 바꿀 수 있습니다.

— 칼릴 지브란(Kahlil Gibran)

＊ '20세기의 성경'이라 불리는 '예언자'를 집필한 아랍어를 쓰는 기독
교인 작가. 예언자는 성경 다음으로 많이 팔린 책으로 기록되어 있다.

# III

## 브랜드,
## 피어나다

# 브랜드의 눈과
# 둠칫둠칫

타닥… 탁… 닥, 탁.

박상림 작가는 SRT 기차를 타고 은해군에 내려가며 노트북을 힘없이 타이핑하고 있었다.

치는 듯 마는 듯하던 노트북 자판을 두고 차창에 반사된 자신과 마주 보며 잠시 생각에 잠겼다. 멘티인 이강준이 공부를 하고 싶다는 데 미지근했던 멘토인 자신의 반응이 떠올랐기 때문이다.

'이제 10일 뒤면 복직할 청년에게 너무 냉정하게 말한 건가' 싶기도 했지만 아직은 MBA를 하기엔 그럴 만한 타이밍이 아닌 것 같았다. 토스트아웃 상태로 은해군에 한달살이를 하러 온 청년이지 않은가? 도피성 입학은 좋지 않다. 그러기엔 MBA는 학비도 비싸고 젊은 날의 2년이란 시간을 막연한 생각만으로 쓰기엔 너무 귀하다. 하지만 작가이기 이전에 교수로서 공부한다는 학생을 만류했으니, 기분이 좋을 리가 없었다.

**큰 그림을 그리는 법을 배우고 싶다고 했었지?**
**큰 그림이라…**

타다닥, 타닥, 타닥. 탁탁, 타닥.
박 작가는 뭔가 생각난 듯 노트북 바탕화면의 메모장에 '이강준, 건명원 추천!'이라고 썼다. 그러곤 빠르게 원고를 써내려 갔다. 타이핑 소리가 리듬을 타듯 기분 좋게 울렸다.

〈브랜드를 만드는 이의 눈과 몸〉

브랜드 창업자, 관리자, 실무자는
멧도요 새의 눈과 몸을 가져야
세밀화로 그린 듯한 큰 그림을 그릴 수 있다.

양옆에 눈이 달린 조류는
거시와 미시를 함께 보는 단안시를 가지고 있다.
멧도요 새는 최적의 단안시로 거의 사방(360도)을 볼 수 있다.

한쪽 눈으로는 '적'이 저 멀리서(거시) 오는지
뒤에 있는지를 살핀다.
다른 한 눈으로는 바로 가까이(미시) 있는 '먹이'를 포착한다.

때로는 적이 가까이 있고
먹이가 멀리 있기도 하다.
혹은, 먹이나 적이 바로 코앞에 있을 때도 있다.

단안시로 위기 상황을 인식한
멧도요 새는 이럴 때, 몸을 흔들어 둠칫둠칫 춤을 춘다.
그래서 별명이 둠칫 새이다.

멧도요 새가 둠칫둠칫 춤을 추면,
'적'은 이 새가 날아오를 것인지 아픈 것인지 알 수 없어 동요한다.
멧도요 새가 둠칫둠칫 부리를 땅에 묻고 굴착기처럼 쓰면,
'먹이'는 그 진동에 휩쓸려 저항하지 못한다.

멧도요 새처럼
사방과 코앞을 살펴 둠칫둠칫 거리기를 계속하자.

움직이면 시야가 넓어져서
단안시로 포착하지 못한 것까지 볼 수 있다.

계속하자.
계속하자.
멈추지 말자!

D-day 9

# 필연적 실천,
# 건명원

박상림 작가는 무거운 눈꺼풀을 어떻게든 들어 올려 눈을 떴다. 오랜만에 글이 잘 써져 늦도록 쓰기도 했지만 잠을 설쳐서 눈이 무거웠다. 이강준이 마음에 걸렸기 때문이다.

이강준은 안 지 20일이 조금 넘은 이렇다 할 연결고리도 없는 그저 카페 일로 알게 된 청년이었다. 하지만 박 작가는 선뜻 카페를 도와주며 조금은 당돌하게 자신에게 '브랜드 커피챗'을 하자 했던 그의 젊음을 지켜 주고 싶었다. 세수만 겨우 하고 노트북만 든 채 터벅터벅 카페로 내려갔다.

강준: (활기찬 목소리로) 작가님! 여기 모닝 커피요~.

작가: (깜짝 놀라며) 어! 강준 씨, 주말 잘 보냈어요?

강준: 네! 작가님, 주말 동안 잘 생각해 봤는데요. 저 공부를 하고 싶은 건 확실해요. 작가님이랑 하는 브랜드 커피챗 같은 공부요. 인생 공부 같기도 하고 인문학 공부 같은 그런 걸 계속 배우고 싶어요.

작가: 음… 어!
(뭔가 떠오른 듯 노트북을 켜고) 강준 씨, 이거 좀 볼래요?

**학문은 해볼까 말까의 문제가 아니다.**
**그것은 맹수 앞에서 가만히 돌을 쥐는 동작처럼**
**필연적인 실천이다.**

**— 건명원(建明苑) 소개글**

강준: 어! 맞아요. 사실 이런 느낌으로 공부가 간절한 기분이에요. 돈 버는 공부나 MBA는 여기저기 배울 곳이 있는데요. 작가

님과 하는 브랜드 커피챗처럼 브랜드를 통해서 세상을 보는 관점을 배울 수는 없을 것 같더라고요. 전 서울로 올라가야 하고, 작가님도 계속 빈센츠 카페에 계시진 않을 테니…

작가: (말을 자르며) 강준 씨, 건명원은 단추를 판 돈으로 만든 곳이에요.

강준: 네? 단추요?

작가: 두양 단추는 정확하게는 (주)두양 Botani라는 회사 이름을 가지고 있어요. 현재 국내 1위의 단추 기업이에요. 1년에 2억 개가 넘는 단추를 생산하죠. 두양의 오황택 회장님이 1개에 100원도 안 하는 단추를 팔아서 번 돈으로 세운 곳이 건명원이에요.
'세상에 없던 학교'라고 불리고, 오 회장님이 '시대의 반역자를 키워 달라'며 만드셨죠.

강준: 작가님, 굳이 여기를 지금 말씀하시는 이유가 있으세요?

작가: 솔직히 나는 가고 싶어도 못 가요. 나이 커트라인이 있거든요.

강준: 네에? 프핫.

작가: 웃지 말아요. 강준 씨. 이거 중요해요. 강준 씨 나이에만 누릴 수 있는 것을 누리는 것. 그 권리를 값없이 버리지 않는 것. 난 인생에서 그게 가장 중요하다고 생각해요.

워킹 홀리데이도 나이 제한이 있잖아요. 토스(Toss)의 이승건 회장이 나온 청년 창업 사관학교도 나이 제한이 있어요. 건명원은 만 19세~29세까지만 지원할 수 있어요. 딱 30명만 뽑아서 학비도 받지 않고 무료로 교재도 주면서 사람들을 가르쳐 주죠.

강준 씨 나이에만 할 수 있는 걸 해봐요.

강준: 아! 제 나이에만 누릴 수 있는 걸 누리라는 말씀인 거죠?

작가: 만약 건명원에서 들어가면 나랑 했던 브랜드 커피챗이랑은 또 다른 결의 인문학 강의를 듣게 될 거예요. 시험도 보고 사실 매주 수업을 듣는 게 쉽지 않을 거예요.

뭐, 강준 씨가 알아보고 취향에 맞지 않으면 다른 인문학 강의나 독서 모임에 나가도 좋아요. 나는 강준 씨가 그렇게 나무도 숲도 보는 눈을 길러서 삶에 썼으면 좋겠어요.

강준: 작가님, 삶에서 쓴다는 게 어떤 뜻이에요?

작가: 음… 두양의 오황택 대표님의 인터뷰를 내가 정리한 게 있어요.

문화는 모든 산업에 미치는 영향이 가장 큰 생산재예요. (중략)
문화는 내수 시장이 탄탄하게 형성돼 있어야 힘을 받죠. (중략)

'각주구검(刻舟求劍)'이라고 시대가 변하면 지향해야 할 가치관도
달라져요.
(중략) '뭘 잘하는 사람'보다는 '뭔가 다른 사람'을 우선으로 해요.

(중략) 목적지로 가는 길은 많아요. 어떤 방법으로 가느냐가 각자
다르죠.
인문학은 천 년 전 사람들 이야기 중
오랜 시간 공감대를 형성한 공통 분모들이라 좋은 길잡이가 되죠.
물론 어떤 것을 취하느냐는 각자의 선택이에요.

— 오황택 두양문화재단 이사장
(중앙SUNDAY 인터뷰 中)

강준: 멋지신 분이네요.

작가: 우리가 지금 하는 게 '브랜드 커피챗'이잖아요? 거창한
브랜드 이론을 몰라도 부딪쳐 가면서 오 회장님처럼 인사이트를
가지고 삶을 살아가는 분들이 계세요. 잘 짜여진 전략으로 사업계
획서를 짜고 훌륭하게 브랜드를 이끄는 사업가도 많아요.

둘 다 좋아요.

하지만 이걸로는 세상 공부를 2년 하는 게 좋을지 MBA를 2년 하는 게 나을지는 알 수 없어요. 만약 지금 나와 하는 브랜드챗이 강준 씨에게 맞다면, 인문학을 배워 두면 좋을 것 같아요.

'아는 만큼 보인다'라는 말처럼 결은 달라도 정점에 선 사람들은 같은 인사이트라도 자신들만의 단어로 표현하니까요.

강준: 같은 인사이트를 얻는다고요? 아는 만큼 보이고요?

작가: 이런 거예요.

명상록을 쓴 아우렐리우스의 말을 현대식으로 정리한 『돌파력』이란 책에는 이런 대목이 나와요.

**'장애물이 행동을 추동한다.**
**길을 가로막는 장애물이 길이 된다.'**

다시 말해서, 인생을 살아가는데 장애물은 우리를 앞으로 나아가게 하거나 흔드는 추동을 한다는 거죠. 그래서 장애물을 허들 경기의 허들처럼 여기면 길이 된다는 거죠.

강준: 아!

작가: 영화, 설국열차에서 송강호 씨는 남궁민수를 연기하면서 이런 대사를 해요.

**'저게 하두 오래 닫혀 있으니깐 이젠 벽처럼 느껴지기도 하는데, 실은 저것도 문이란 말이야!'**

벽이라는 장애물로 우리가 인식하면 문도 벽이 되는 거죠.

강준: 오! 그렇네요.

작가: 이건 경로 의존성(path dependence, 徑路依存性)으로 해석할 수도 있어요. 분명 더 나은 방법이 있는데 이미 익숙해진 것을 바꾸지 않으려는 거죠. 익숙해진 경로에 의존하면서 장애물을 옮길 수 있는데 그냥 내버려 두는 거예요.

강준: 어, 저 이거 비슷한 거 알아요. 코끼리한테 족쇄를 오래 채워 두면, 그 족쇄를 풀어 줘도 코끼리는 딱 그 족쇄를 차고 있던 때에 움직이던 반경 안에서만 움직인다고 해요.

작가: 그래요. 그거예요! 난 마르티나 나브라틸로바(Martina Navratilova)가 한 말을 좋아해요. 체코의 테니스 철녀이자 윔블던에서 9번이나 우승한 윔블던의 여제예요. 그녀는 이런 말을 했어요.

**테니스공은 제가 몇 살인지 모릅니다.**

The tennis ball doesnt know how old I am.

**공은 내가 남자인지 여자인지**

The ball doesn't know if I'm a man or a woman

**공산주의 국가 출신인지 아닌지도 모릅니다.**

or if I come from a communist country or not.

**스포츠는 항상 이러한 장벽을 허물어 왔습니다.**

Sport has always broken down these barriers.

강준: 우와! 걸크러시인데요?

작가: 나브라틸로바는 74연승이라는 여자 테니스 최다 연승 기록을 가지고 있어요. 멋지죠. 아우렐리우스, 설국열차, 경로 의존성, 나브라틸로바가 뜻하는 바는 같아요.

**장애물이나 장벽이라 여겨지는 것들은**
**어떻게 해석하고 대응하느냐에 따라 넘어설 수 있다.**

**단, 변화에 올라타서**

**'넘어설 수 없다'라는 인식에 '의문'을 가지고
넘어서고야 말겠다는 '의지'가
넘어서기 위한 '의도'를 자극해야만,
넘어서 설 수 있는 능력이 발현된다.**

나는 강준 씨가 인문학을 배워서 다양한 해석을 하고 변화하는 상황에 입체적으로 대응할 수 있는 능력을 길러서 공부도 일도 자신에게 가장 알맞은 선택을 했으면 좋겠어요.

그래야 각주구검(刻舟求劍)을 피할 수 있으니까요.

강준: 네, 작가님. 제게 꼭 맞는 다양한 해석과 관점을 가질 수 있는 배움을 선택해 볼게요.

〈각주구검(刻舟求劍)〉

각주구검은 중국 진나라 시절 정치가였던 여불위가
3,000명을 모아 편찬한 '여씨춘추'에 나오는 이야기이다.

옛날 초(楚)나라의 검객이 강을 건너기 위해 강 입구의 나루터에
서 배를 탔다. 배가 강의 중간쯤에서, 물살이 세지자 배가 흔들리
며 검객의 차고 있던 검이 그만 강에 빠지고 말았다.

그러자 검객은 자신의 검을 찾기 위해서
검이 떨어진 쪽에 있던 배의 자리에 표시를 하더란다.
이 자리에서 자신의 검이 물에 빠졌으니,
나중에 배가 서면 찾을 수 있을 줄 알고 말이다.

배가 강을 건너 강 끝의 나루터에 도착하자
검객은 표시한 자리에서 검을 찾으려 했다.
그러나 검을 찾을 수 없었다.
검객의 검이 빠진 곳은 강의 중간이고,
배가 선 나루터는 강의 끝 쪽에 있었기 때문이다.

각주구검 이야기는 시대나 상황이 바뀌었는데도
옛것만을 고집하는 이의 어리석음을 빗댄 것이다.

# 브랜드의 미래를
# 대비하는 정체성

오늘은 아침에 눈을 뜨자마자 뉴스를 보면서 하루를 시작했다. 복직할 생각을 하니 왠지 그래야 할 것만 같았다. 경영·경제 관련 기사를 보다 보니 한 가지 맥락이 튀었다. 석유 회사들은 더는 자신을 석유 회사로 부르지 말라며 재생 에너지 비율을 늘렸다. 자동차 회사는 자동차가 아니라 이동 수단을 파는 것이라고 한다. 이게 무슨 존재의 부정인가? ESG의 여파일까? 기업들이 3가지 비재무적인 요소인 환경(Environment), 사회(Social), 지배구조(Governance)로 지속가능성을 지향해서일까? 언뜻 그래 보여도 그게 다는 아닐 것 같은데… 생각이 많아지니 배가 고파졌다.

점심으로 뭘 먹을지 고민하고 있을 때 상림 작가님한테 같이 점심을 먹자는 톡이 왔다. 나는 빠르게 자전거를 밟아 빈센츠 카페로 향했다. 박 작가님이 준비한 샌드위치와 홍차의 달큰하고 상쾌한 바다 내음이 카페를 메우고 있었다.

샌드위치는 빈센츠 카페 아래에 있는 횟집에서 사온 왕새우 튀김과 오징어튀김이 주재료였다. 왕새우 튀김은 토스트 된 식빵에 깻잎을 깐 위에 타르타르 소스와 레몬 즙을 살짝 곁들여서 크리미하면서 상큼하고 고소한 풍미를 더했다. 오징어튀김 샌드위치는 얇게 기버터를 바른 식빵 위에 오징어 튀김을 먹기 좋게 가위로 잘라 올렸다. 그 위로 새콤달콤한 저염 간장 소스에 송송 썬 쪽파와 라임 제스트를 올려서 한국의 지중해 같은 풍미를 자아냈다. 여기에 홍차를 곁들이니~ 크!

강준: 작가님, 어디 가서 라면밖에 못 끓인다는 소리 하지 마세요. 이거 진짜 고급지게 맛있어요.

작가: 음, 괴테가 이런 말을 했죠.

'A noble man becomes more noble according to women's advice.' - 고상한 남자가 여자의 조언을 들으면, 더욱 고상해진다. 이 샌드위치는 아내가 주말에 종종 해주던 메뉴를 흉내 낸 거예요.

강준: 아! 그럼, 이 모든 감사를 사모님에게~

작가님은 내 말을 아내분께 꼭 전해 주겠다 하셨다. 즐거운 점심시간이었다. 커피를 내리며 브랜드 커피챗 시간에 나는 요즘 기업의 탈 정체성에 관해 물었다.

## ▮ Brand, coffee chat ▮

　　작가: 음, 기업의 정체성이나 브랜드 아이덴티티는 상표가 아니에요. 그러니 생존을 위해서 세상의 변화에 따라 얼마든지 바뀔 수 있어요. 기업명이나 브랜드 이름과 로고도 요즘 휙휙 바꾸는데. 강준 씨는 이게 별로인가 봐요?

　　강준: 그야~ 초심이란 것도 있고, 익히 알던 그 브랜드의 주력 분야가 있는데 그게 더는 주가 아니라고 하니 좀 헷갈려요.

　　작가: 초심은 창업자가 처음 품은 마음이죠.
　　브랜드 그 자체는 아니에요.

　　강준: 아! 그럼, 작가님은 정체성이 달라지는 게 괜찮다고 보세요?

　　작가: 네, 생존하려면 달라져야죠. 강준 씨, 마케팅 믹스

(Marketing Mix)인 4p Mix도 계속 바뀌어요. 내가 정리한 건데 왼쪽부터 오른쪽으로 시간 순서대로 되어 있으니 읽어 봐요.

| 마케팅 믹스(Marketing Mix) 변천사 | | | | |
|---|---|---|---|---|
| 4P | 4C | SIVA | 4A | 4C |
| 1960's | 1990 | 2005 | 2011 | 2017 |
| 제롬 메카시<br>Jerome<br>McCarthy | 로버트 라우터본<br>Rober<br>F.Lauterborn | 체키탄 데브<br>Chekitan Dev,<br>돈 슐츠<br>Don Schultz | 잭디시 세스<br>Jagdish Sheth | 필립 코틀러<br>Philip Kotler |
| 판매자 관점 | 구매자 관점 | 고객 중심 | 고객 의사결정 | 고객 참여 |
| 제품<br>Product | 고객 가치<br>Customer<br>Value | 해결점<br>Solution | 인지도<br>Awareness | 공동창조<br>Co-Creation |
| 가격<br>Price | 비용<br>Cost | 가치<br>Value | 감당가능 가격<br>Affordability | 통화<br>Currency |
| 유통<br>Place | 편의성<br>Convenience | 접근성<br>Access | 제품 수용성<br>Acceptability | 공동체 활성화<br>Communal<br>Activation |
| 촉진<br>Promotion | 대화-소통<br>Communi-<br>cation | 정보 제공<br>Information | 구매용이<br>접근성<br>Accessibility | 대화-이야기<br>Conversation |

강준: 뭔가 비슷한 것 같으면서 시대가 바뀌면서 점점 달라지네요? 아! 마케팅 믹스를 실행하는 관점의 축이 변하는 거군요!

작가: 맞아요. 그러니까 흘러가는 방향을 일정 부분 따라가는 게 나는 옳다고 봐요. 멋져 보이는 말이지만, 강물을 거스르는 연어나 바다를 헤쳐 가는 장어처럼 역행하는 게 이럴 때는 좋지 않아요. 정세의 흐름과 소비자의 변화가 일치할 때는 그들을 따라가야 해요. 고집부리고 본래 자리만을 지키려고 들면 도태돼요. 이러면, 전에 말했던 각주구검이 되는 거예요.

강준: 그럼, 어떻게 따라가야 해요? 마케팅 믹스만 봐서는…

작가: 2021년에 맥킨지가 미래 변화에 잘 적응한 글로벌 기업

| 미래를 대비하는 기업이 되는 9가지 핵심 요소<br>9 keys to becoming a future-ready company | |
|---|---|
| **Who we are** | **정체성을 강화한다** |
| ▶ 명확한 목적<br>의도적인 입장 취하기 | 미래 조직은 무엇을 대표하는지, 왜 존재하는지 명확해야 한다. 목적을 인재와 이해 관계자의 연결점으로 사용해야 한다. -Amazon 회의의 빈의자=고객 |
| ▶ 가치-우선순위<br>인재능력과 가치 연결 | 핵심 우선순위에 따라 적극적-역동적-지속적으로 인력을 재분배 해야 한다. 이는 경제적 원동력이자 장기적인 경쟁 우위점이 된다. -Apple 사용자 경험 실현 |

| | |
|---|---|
| ▶ 문화-조직 운영<br>조직 문화는 비밀소스 | 리더가 인재가 구현되길 바라는 조직문화를 선택해 구축 및 선순환토록 해야. 성과를 높일 인재를 유치/배치할 수 있다. -Amazon 6pg 회의메모 30분읽기 |
| How we operate | 속도를 우선시 한다 |
| ▶ 조직 구조<br>수평하고 빠르게 | 수평적-효과적 가치창출과 고유한 인사조직 체계를 위해, 인사와 업무 리더십 분리로 복잡성을 줄여 민첩성을 높인다. -Haier의 수천개의 독립기업의 집합 |
| ▶ 의사 결정<br>터보 엔진처럼 빠르게 | 의사결정 프로세스는 필요한 단계로만 짧게 한다. 역동적-협력적인 팀 네트워크 구축으로 더 나은 결정을 위한 회의만 한다. -Sysco 몇 주만에 핵심 사업전환 |
| ▶ 인재<br>인재를 품는 포용력 | 인재가 일하고픈 기업이 되려면, 높은 포용력(인종, 성별 등)을 경험시켜 장기근속으로 기업 경쟁에서 우위를 얻을 수 있다. -Netflix 팀이지만 가족은 아니다 |
| How we grow | 확장성을 고려해 구축한다 |
| ▶ 생태계<br>생태계적 관점 채택 | 기업은 직원과 파트너쉽을 취해, 시스템적 관점에서 융통성을 가지고 능숙하게 이런 변화를 성과에 수용하고 적용해야 한다. -J&J 신생 기업 돕기 파트너쉽 |
| ▶ 기술 플랫폼<br>데이터 플랫폼 구축 | '데이터 정보=사업'으로 보면, 데이터의 연결 및 확장으로 신규 제품, 서비스 등의 빠른 베포 및 업그레이드를 할 수 있다. -Tesla 차량 무선 업데이트 |
| ▶ 조직 학습<br>학습속도 가속화하기 | 실험, 학습, 실패를 용인해 직원 개인의 성장과 업무 개선을 가속화시키는, 성공할 수 있는 기회를 리더가 제공해야 한다. -Google 20%시간 아이디어 작업 |

Organizing for the future: Nine keys to becoming a future-ready company
January 11, 2021 | Article (작가 재정리)
https://www.mckinsey.com/capabilities/people-and-organizational-performance/
ourinsights/organizing-for-the-future-nine-keys-to-becoming-a-future-ready-company

의 특징을 9가지로 발표한 게 있어요. 이게 내가 정리한 거예요. 이 9가지 중심은 정체성, 속도, 확장성이 주요 요소예요.

강준: 와! 이거 하나하나 찾아보는 것만으로 배울 게 많겠는데요? 그런데 하이얼(Haier)은 처음 들어 보는 회사인데요? 맥킨지의 자료에 나올 만큼 큰 기업인가 봐요.

작가: 하이얼(Haier)은 중국의 1위, 전 세계 5위의 전자제품 회사예요. 하이얼은 장 루이민(Zhang Ruimin) 전 회장이 있기 전까지는 부실한 회사였어요. 2005년 그가 인단합일(Rendanheyi 人单合一, Maker-Customer Integration)을 도입하면서 달라졌죠.
그는 창고의 쌓인 불량 냉장고를 직원 앞에서 부수며 '품질의 하이얼'을 각인시켜요. 재밌는 일화 중에요, 하이얼 세탁기 고장의 원인 중에 농부들이 고구마를 세탁기에 넣고 돌린 게 원인인 적이 있었대요. 그래서 장 전 회장은 아예 고구마 세탁기를 만들어서 시장에 출시해 버리죠. 고객이 원하는 제품이니까요.

강준: 재밌는데요?

작가: 하이얼은 인단합일을 적용해서 코스모 플랫(COSMO Plat)이라는 스마트 제조 클라우드 플랫폼을 만들어요. 인(人)은 직원, 단(单)은 고객의 주문을 뜻해요.

고객은 평생 고객으로, 직원은 창업가로 만들어서 '직원과 고객 간의 거리가 0'이 되게 하는 거죠.

이걸로 하이얼이 인수한 일본의 산요(Sanyo)의 백색 가전 부분은 8년간 적자를 보다가 8개월 만에 적자에서 탈출해요. 미국 GE 가전 부문도 하이얼이 인수하고 10년간 악화하던 실적이 인수 1년 만에 매출과 이익이 느는 상승세로 돌아섰어요.

강준: 어떻게 그럴 수가 있어요?

작가: 인단합일을 위해서 하이얼은 앞의 맥킨지 표에서 소개한 '속도를 우선시 한다'에서 '▶ 조직 구조, 수평하고 빠르게'를 본격화해요. 하이얼 내에 수천 개의 독립기업의 집합(ME, Micro-Enterprises)을 구축했어요.

하이얼은 2014년에 자사를 2,000개의 작은 기업으로 쪼개요. 그렇게 쪼개서 10명 내외의 소기업으로 만들어서 직원에게 오너십을 주고 중간관리자를 없앴죠.

그리고 소기업들을 크게 3가지로 나눴어요. 고객과 소통해 제품을 만드는 ME, 원부자재와 물류 ME, 본사로요. 각각의 ME가 신사업을 공고하면 다른 ME가 입찰하는 거죠. 앞에서 말했던 고구마 세탁기를 만들 2,000개의 소기업을 만든 거죠. 하이얼 내부에서 성사되지 않는 공고는 시장성이 없는 거니깐 폐기하고, 성사된 입찰에 따라 본사는 ME에 제품을 만드는 데 필요한 자금을 지원하는 시스템을 만들었어요.

강준: 오! 제대로 된 사내 벤처인데요? 열심히 일할 수밖에 없겠어요.

작가: 장 루이민 회장은 '많이 일한 사람은 많이 받고, 적게 일한 사람은 적게 받고, 일하지 않는 사람은 받지 못한다(多勞多得, 少勞少得, 不勞不得)'라는 말로도 유명해요.

강준: 와, 하이얼에서 월급 루팡은 살아남기 어렵겠네요.

작가: 하하. 그렇게 볼 수도 있겠네요.
장 루이민 회장이 인단합일을 고안한 건, 실리콘 밸리나 선진국의 여러 경영기법이 하이얼에 잘 맞지 않아서라고 해요. 덕분에 하이얼만의 고유한 기업 문화가 탄생했죠.
사람이 사는 세상이 변하는 만큼 브랜드도 기업도 그걸 운영하는 방식도 마케팅 믹스도 생존 방식도 바뀔 수밖에 없어요. 브랜드나 기업의 정체성이 변하거나 퇴색하는 게 아니라 고객과 시대에 맞게 살아남기 위해 진화한다고 봐줘요.

강준: 네, '무생물인 브랜드도 생존을 위해서는 진화한다'라고 메모해 두겠습니다!

〈경사지공이론(斜坡球體論)〉

시장에서 기업 위치는
경사면에 놓인 공과 같다.


기업이 커질수록 뒤로 밀리는 힘도 커진다.
뒤로 밀리지 않도록 하려면 관리 능력을 키워야 한다.


하지만 더 중요한 것은
경사면 위로 공이 올라가게 해야 하는데
이 힘은 바로 창의력이다.


— 하이얼(Haier)의 장 루이민(Zhang Ruimin) 전 회장

(2018년 시사 매거진 보도 中)

# 새클턴
# 리더십

터벅터벅. 오늘, 바다 수영을 하고 어쩌면 마지막일지도 모르는 은해군의 도서관에 왔다. 어제 박 작가님과 브랜드 커피챗에서 생존에 관한 이야기를 해서 그런지 '살아남는다'라는 것이 무엇인지 궁금해져서다.

도서관 안 서가에서 길을 잃은 것처럼 헤맸다. 사실 내가 원하는 생존이 '어떤 생존'인지 생각해 본 적이 없어서이다. 이런저런 책을 뒤적이다가 안 되겠다 싶어서 용기를 내어 사서님께 생존에 관한 책을 여러 권 추천해 달라고 부탁드렸다. 사서님은 안경을 한번 치켜 쓰시더니 심드렁한 표정과 대비되는 열정적인 타이핑으로 10권가량의 책을 추천해 주셨다. 나는 서가를 돌아다니며 마치 곤

충 채집을 하는 것처럼 추천받은 책을 하나둘 찾아 든 다음 빈자리에 앉았다.

제목만 보고 책을 찾았는데 읽으려고 보니 어니스트 섀클턴이란 남극 탐험가의 책이 여러 권이었다. 그가 누군지 궁금한 마음에 초록창에 검색해 보니 '위대한 실패'라는 소개 글이 보였다. '실패면 실패지, 뭐가 위대하단 걸까?'라는 생각이 들었다.

1914년부터 1916년까지, 영국 출신의 탐험가 어니스트 섀클턴(Ernest Shackleton)은 27명의 대원을 데리고 범선 '인듀어런스호'를 탔다. 그의 3번째 남극 탐험의 대장정이었다.

탐험은 실패였다. 하지만 위대했다. 섀클턴과 함께 모험을 떠난 27명이 남극 빙벽에서 한 명도 낙오되지 않고 2년을 버텨 낸 것이다. 그들은 634일간 영하 30도에 육박하는 얼음으로 된 벽에서 견디고 살아남아 모두 무사히 귀환했다.

가히 위대한 탐험이라 할만했다. 이게 가능했던 것은 어니스트 섀클턴의 헌신적인 리더십 때문이었다. 섀클턴을 비롯해 유명 남극 탐험가들과 탐험을 했던 이는 이런 말을 남겼다.

**만약 절망적인 상황에서 길이 보이지 않는다면**
**섀클턴을 보내 달라고 기도할 것이다.**

**— 레이먼드 프리슬리, 탐험가**
(『**인듀어런스(The Endurance)**』中)

새클턴에 대한 책들은 모두 흥미로웠지만, '위대한 실패'라는 말이 손톱 거스러미처럼 나를 신경 쓰이게 했다. 책을 덮고 그의 인생 말로를 찾아보았다.

그는 가정에서도 사회에서도 낙오된 비운의 남극 탐험가였다. 새클턴은 돈 버는 일에는 재능이 없었고, 병을 얻어 결국 탐험 중에 죽고 말았다. 그와 같은 헌신적인 리더를 만나고 싶지만, 내가 그 리더가 되고 싶진 않았다.

아이러니하게도 새클턴의 이야기는 내게 인문학의 중요성과 경영학 공부를 부채질했다.

새클턴은 영하 30도에 육박하는 살인적인 추위의 빙벽에서도 웃음을 나누고, 대원들과 작은 이벤트도 축하하고 축복하는 시간을 가졌다. 그들에게 축하나 축복할 만한 이벤트가 뭐가 있었을까? 그건 정말 사소한 것이었을 거다. 새클턴과 27명은 빙벽에서 서로 음악을 연주하여 듣고, 일기 쓰기를 하며, 사진 찍기 등을 모두와 함께했다. 극한의 상황에서도 사람을 살게 하는 건 비스킷 한 조각이 아니라 그 비스킷을 나눠 먹고 함께 시간을 보내며 대화를 나눌 동료였다. 이런 생각이 들었다.

**사람을 사람답게 살게 하는 것은 인문학이다.**
**인문학은 위대하다.**
**하지만, 제 밥벌이를 하는 능력은 더 위대하다.**

만약 섀클턴이 인문학의 위대함을 아는 만큼 밥벌이에 도움이 될 경영에 대해서 조금이라도 알았다면 그의 말로는 달라질 수 있지 않았을까?

내일은 박상림 작가님, 나의 브랜드 멘토에게 좀 더 자신에 찬 질문을 할 수 있을 것 같다.

https://contents.premium.naver.com/fashionlab/knowledge/
contents/241028032225475um

사이프러스 나무가 있는 길

Road with Cypress and Star, 1890
빈센트 반 고흐(Vincent van Gogh)

고흐는 프랑스 남부의 아를(Arles)에서 고갱과 밤 산책을 했던 시간을
자주 회상했다고 한다.
그리고 그때 보았던 이 사이프러스 나무에도 매료되어
그의 작품에 자주 등장시킨다.

'Road with Cypress and Star — 별이 빛나는 밤의 사이프러스와 길'

고흐와 고갱은 당시 심취했던 바그너의 음악을 논하며 이 길을 걸었을지 모른다.
둘은 이 작품의 밤하늘에서 빛나는 별 하나와 초승달처럼,
길 위의 두 사람 같이, 친구이자 서로의 멘토이자 멘티였을 것이다.

# 브랜드, 라프텔,
# 생업=천직

어제 도서관에 다녀온 이후로 MBA 공부를 어떻게 할지 생각하느라 머리가 띵했다.

잠이 오지 않아서 새벽에 검색을 해보니 다양한 경험자의 평이 있었다. '커리어 점프 계획을 세우고 가라', '자기 하기 나름이다.', '졸업 후의 결과가 천차만별'이라는 것이다. 공부에만 전념하는 걸로는 아무것도 되는 게 없는 세상이다.

아침에 눈을 뜨니 사회인의 공부란 게 그럴 수밖에 없는 것 같다는 생각이 들었다. 인생사 뭐든 다 자기 하기 나름이긴 하다. 역시 밤에 사람은 감성적이고 감정적이 된다.

아침을 먹으면서 이어 검색하니 MBA 하는 동안 혹은 그 직후에 창업한 이들의 이야기가 있었다. 트렌드 때문에라도 AI나 공학 쪽 석사 과정이 더 좋아 보이는 것도 있었다. 거창한 기업가 정신은 아직 없지만, 다들 어떤 마음으로 창업하게 되는지 알아 두는 건 좋을 것 같았다. 오늘의 브랜드 커피챗의 질문이 정해졌다.

## ▮ Brand, coffee chat ▮

강준: 작가님, 저 MBA(석사) 공부하는 거 진지하게 생각하게 됐어요. 토스트아웃(Toast out) 때문에 이렇게 은해군에 한달살이 하는 건데… 미래에 대한 목표가 있으면, 복직하고 '열심히' 하면서도 좀 덜 방황할 것 같아서요. 저를 위한 '열심히'가 없으면, 또다시 토스트아웃이 올 것 같아요.

작가: 음~ 그런 생각이라면 좋아요. 공부도 명확한 목적이 없으면 끝나고 나서 공허하긴 마찬가지예요. 그나저나 이제 곧 복직인데 이번 주말엔 서울에 올라가 봐야 하는 거 아녜요?

강준: 아~ 괜찮아요. 다음 주 화요일까지 카페에서 일하고, 수, 목, 금은 남은 연차 3일 붙여서 부모님 뵈러 갔다가 주말에 서울 올라가서 쉬고, 다음다음 주 월요일부터 출근하기로 했어요.

지금이 아니면 또 언제 작가님과 이렇게 브랜드 커피챗을 하겠어요.

작가: (기뻐하며) 그래요?

강준: 작가님은 어떻게 하실 예정이에요?

작가: 강준 씨가 서울 가면, 월화는 내가 빈센츠 카페에 있고, 목금은 아버지가 내려오시기로 했어요. 책도 책인데 딸아이 여름방학이 얼마 안 남았으니, 조금이라도 아빠가 옆에 있어 줘야 할 것 같아서요.

강준: 아~ 따님이 지금 사춘기인 거죠?

작가: 맞아요. 아빠 노릇도 제대로 해야죠.

강준: 작가님, 제 토스트아웃도 사춘기, 아니 '어른춘기'인 거겠죠?

작가: 강준 씨, 오십춘기도 있고, 갱년기도 있는걸요?
어떻게 스스로를 잘 다독이면 좋은지를 찾는 건 젊을 때부터 하는 게 좋다고 봐요. 이렇게 휴직한 것도 갭이어(Gap Year)를 좀

늦게 가진다고 생각해도 좋고요.

강준: 갭이어가 뭐예요?

작가: 해외에서는 흔한데, 대학 생활을 시작하기 전에 공부를 내려놓고 봉사활동, 여행, 인턴 같은 다양한 경험을 해보는 거죠. 그럼 대학에서 좀 더 자기에 맞는 진로 방향을 정해서 성장할 수 있으니까요.

강준: 아! 그럼, 제게는 은해군의 한달살이가 어떤 공부를 하고 어떻게 미래를 그릴지를 고심해 보는 갭먼쓰(Gap Month)가 되는 거네요?

작가: 오! 갭먼쓰, 듣기 좋은데요?

강준: 그래요? 참! 작가님, 빈센츠 카페에서 일하는 동안 생각해 본 건데요. 좋아하는 일을 생업으로 삼으면 천직이 될까요?
작가님이 글 쓰는 것처럼요.

작가: 음… 천직은 타고난 재능을 업으로 삼는 건데…
강준 씨가 천직으로 삼고 싶을 만큼 잘 하고 좋아하는 게 뭐예요? 얼마나 간절해요?

강준: 커피를 좋아하긴 하는데… 작가님한테 추천했던 『브레드 앤 버터』 주인공들을 떠올려 보면… '생업=천직'으로 할 만큼 간절하진 않아요. 그런데 꼭 간절해야 하나요? 너무 간절하면 오히려 독이 될 수도 있을 것 같은데요?

작가: 강준 씨 말이 맞아요. 간절하게 좋아하는 걸 직업으로 삼고 싶다면 '냉정과 열정 사이'를 오갈 수 있어야 해요. 그래야 힘든 상황에서도 좋아하는 걸 보며 희열을 느끼고 헤쳐 나갈 수 있죠. 러너스 하이(Runners' High)처럼 극한의 상황에서 쾌감을 느끼는 게 사람이니깐. 힘들어도 좋아하는 일을 계속할 수 있는 거죠. 나한테 책 쓰기는 그래요. '생업=천직'이죠.

강준: 아! 회사 일 때문에 토스트아웃이 왔는데 제가 좋아하는 일을 하면서는 러너스 하이가 올 수도 있겠네요. 미묘한데요?

작가: 음~ 강준 씨가 쿠키 구워 준 것 때문에 알고리즘 타고 알게 된 한국 브랜드 중에 '라프텔'이라고 있어요.

나는 이게 좋아하는 것과 간절함이 가장 잘 승화된 생업이자 천직에 대한 브랜드 사례인 것 같아요.

강준: (핸드폰으로 검색하며) 애니 스트리밍 서비스네요?

아! 그러고 보니 라프텔(Laugh Tale)이라는 섬은 만화 원피스

〈One Piece〉에 나오는… 작가님! 만화에서 웹소설로 넘어가시더니 이제 애니도 보시는 거예요?

작가: (눈을 살짝 흘기며) 강준 씨, 라프텔의 창업자 중 한 명은 '연세대 스티븐 호킹'이라는 별칭이 있어요.

강준: 스티븐 호킹이면, 손발이 거의…

작가: 맞아요. 지금 라프텔의 박종원 대표도 다리가 불편해요. 나는 강준 씨가 이 부분에 주목하라고 말한 게 아니에요. 다만 이들이 그런 상황에서도 자신들이 좋아하는 만화와 일본 애니메이션을 라프텔에 스트리밍하기 위해서 읍소하고 자신들만의 큐레이션을 했다는 점을 눈여겨봐 줬으면 좋겠어요.

안구 마우스를 써야 하는 연세대의 신형진 님은 박사과정 중에 수업을 같이 듣던 김범준 씨가 2014년에 라프텔을 창업한다고 해서 합류해요. 신형진 씨도 만화와 일본 애니메이션도 좋아했거든요.

강준: 하지만 2014년이면, 불법으로 많이 볼 때 아닌가요?

작가: 맞아요. 하지만 바꿔 말하면, 시장의 수요는 있다는 말이죠. 콘텐츠에 대한 한국의 의식과 인식이 개선되어 가는 중이니, 음지가 아닌 양지로 올라올 분야고요. 강준 씨가 알다시피 OTT 시

장은 급속도로 변했고 일본 애니메이션 스트리밍도 엄청나게 성장했어요.

최근 애니메이션은 넷플릭스에서도 볼 수 있지만, 라프텔은 10년 전에 나온 오래된 것도 다시 볼 수 있을 만큼 국내에서는 가장 많은 양의 애니 콘텐츠를 가지고 있어요.

강준: 음… 작가님 그럼 라프텔은 OTT 분야에서 장르를 세분화를 한 건가요?

장르 집중도처럼요?

일본 애니메이션을 큐레이션 하면서요?

작가: 맞아요. 하지만 만화와 애니메이션의 특수성 때문에 큐레이션에 품이 더 들었죠. 라프텔 사이트에 들어가서 첫 페이지(랜딩 페이지)부터 어떻게 애니메이션을, 큐레이션을 했나 사이트를 봐봐요.

라프텔은 큐레이션과 카테고리 분류가 다르단 걸 정확하게 보여 줘요.

강준: 네, (스크롤을 내리며) 음… 어? 어? 어!

## ⟨라프텔의 큐레이션⟩

— 기쁨은 나누면 배가 되고 집세는 나누면 절반이 된다
— 상상력이야말로 모든 걸 바꾼다
— 시간 없는 현대인들을 위해 5분이면 한 편 뚝딱!!
— 맛깔나는 사투리를 구사하는 캐릭터 모음
— 바쁜 일상 속 잠시 쉬고 싶을 때
— 군자의 복수는 10년이 지나도 늦지 않다
— 글자가 살아 움직인다 소설 원작 애니메이션 모음

강준: 와… 덕후(매니아)가 덕후했네요.

작가: 큐레이션을 잘 한다는 건 예쁘게 모아 놓는 게 아니에요. 브랜드에 있어서 큐레이션은 소비자의 속마음에 부합하는 집합체를 선별해서 보여 주는 거죠.

이 큐레이션이 맥락에 맞다 아니다는 소비자가 판단해야 하는 거지 MD(머천다이저)만의 고유 권한이 아니에요. MD는 '나는 이 제품군이 이렇게 묶어지는데, 소비자에게 이걸 어떻게 귀띔해 주지?'라고 접근해야 하는 거죠.

진정 제품을 아끼고 알려지길 바라는 마음이 간절하면 저렇게 할 수 있어요.

강준: 아! 그렇네요. 대학원에서 창업 동기도 만날 수 있고, 바라는 '생업=천직' 길도… 음, 잘 알아보고 가야겠네요!

작가: 강준 씨, 성인이 되어서까지 학교에 다닌다는 건 굉장한 투자예요. 세상에는 강준 씨가 미처 몰랐을 뿐, 수많은 기회와 배움이 있어요. 하지만 '생업=천직'을 찾는 기회가 모두에게 공평하진 않죠.

MBA나 석사가 그 갭(Gap)을 조금 완화해 줄 수는 있어요. 하지만 나는 강준 씨가 그런 기회를 학교 밖에서 먼저 찾아보길 바라요. 강준 씨가 원하는 바가 뾰족해질 때까지요.

강준: 작가님, 꼭 뾰족해지고 가야 해요?

작가: 공부는 시작하면 멈출 수 없는 타이머를 작동시킨 것과 같아요.

한국인 특성상 또 석사를 시작하면 논문도 쓰고 끝을 봐야지 하잖아요. 논문을 쓰지 않는 수료와 논문을 쓴 졸업은 단순한 단어 차이가 아니라 엄청난 성장과 집념의 차이가 있어요. 물론 논문에 너무 집중해서 주객이 전도돼서 공부를 위한 공부만을 하게 될 수도 있죠.

강준: 아! 그건 좀…

작가: 강준 씨가 원하는 생업과 천직에 대한 생각이 뾰족해지고 직업으로 삼고 싶어지면요. 그걸 실현하기 위한 공부가 필요하다고 느낄 때, 그때 학교로 와요.

불경기일수록 일선 대학의 대학원과 경영자 과정은 호황이 돼요. 다들 '가서 배우면 뭐라도 달라지겠지'라고 생각하며 학교에 가는 거죠. 공부가 비싼 취미나 외로움을 달랠 구실이라면 그렇게 해도 돼요. 공부가 나쁠 건 없으니까요. 머리가 복잡해질 순 있지만요.

강준 씨, 솔직히 어른의 공부는 뭘 얻어 낼지를 결정하고 하는 게 옳아요. 대학이나 대학원을 의무교육이라 하지 않는 건 그 이유랍니다. 강준 씨 마음이 확실해지면 그때 학교로 와요.


강준: …

# 먹거리에 대한
# 브랜드적 생각

어제 브랜드 커피챗을 마치고 집으로 돌아오는 길에 귀농한 고등학교 동창에게서 연락이 왔다. 이 녀석의 이름이 핸드폰 화면에 뜨자마자부터 한숨이 나왔다. '받을까? 말까?' 너무 소중하고 장점이 많은 친구지만… 신세 한탄 메들리가 대화의 주 종목이고 사사건건 남의 손이 가야 하는 친구라 반갑기보다는 전화가 오면 숨이 턱하고 막히기 때문이다. 그러고 보니 이 친구가 귀농한 이후로 외롭긴 했지만, 묘한 해방감을 느꼈던 이유가 이거구나 싶었다.

아무렇지 않은 척 전화를 받았다.
'제발, 내가 널 차단하게 만들지 마'라는 기도를 하면서!

다행히 귀농은 친구의 '생업=천직'이었던 것 같다. 목소리 톤도 밝아지고 일이 힘들다면서도 신나서 농작물이 팔린 이야기를 해댔다. 그 열정의 메아리가 나의 호기심을 자극했다. 그래서 오늘의 브랜드 커피챗의 주제는 먹거리다.


## Brand, coffee chat

강준: (맑은 눈의 광인마냥) 작가님! 작가님! 요즘 한국 먹거리 브랜드는 어때요?

작가: 음~ 강준 씨 갑자기 먹거리는 왜?

강준: 그게 말이죠. 귀농한 친구한테서 연락이 왔는데요…

작가: (구구절절한 강준의 친구 이야기를 듣고) 음, 어떤 스타일로 들려주면 좋으려나…

강준 씨, 일단 내 주력 분야는 아니에요. 다만, 소비자의 입장으로 한국 먹거리 분야에 대해 입이 근질근질하게 말하고 싶은 곳들은 있어요.

좋은 한국 F&B 브랜드가 오래 지속되길 바라면서 내가 직접 소비하고 있거든요.

강준: 오!!! 작가님의 소비자 입장도 재밌겠는데요? 뭔가 다를 것 같아요. 그런데 먹거리가 지속되기 어려울 수도 있나요? 사람이 안 먹고 살 수는 없잖아요?

작가: 그렇죠. 사람은 먹어야만 살 수 있죠. 하지만, 먹거리도 제조업으로 보자면 계속해서 양질의 제품을 소비하는 소비자가 있어야만 존재할 수 있죠.

강준 씨, 패션 하다가 건물주 된 내 친구 기억나요?

강준: 어! 그분 이야기에요? 기대되는데요!

작가: 아하하. 그 친구가 먹거리 사업을 하는 건 아니고 그 친구가 광분했던 이야기를 듣고 느끼는 바가 있어서 나는 한국 F&B 브랜드 소비를 하게 됐어요.

2009년쯤인가? 친구가 해외에 패션 바잉하러 갔었다가 들은 이야기인데요. 글로벌 럭셔리 패션 브랜드가 자기네 본사가 있는 패션 거점 도시라 불리는 곳에서 열리는 가을/겨울 패션위크의 패션쇼에 내보낼 가죽 재킷 샘플을 만들어 줄 곳을 못 찾았대요. 패션쇼 한 달 전이라 그랬다는데…

결국 그 브랜드는 가죽 재킷이 없이 패션쇼를 했대요.

강준: 네? 그게 말이 돼요?

작가: 나도 놀라서 친구한테 물어봤는데!

가죽 재킷은 만드는 방식도 재봉틀도 일반 옷이랑은 전혀 달라서 큰 패션 회사에도 가죽 옷을 만드는 자체 공장이나 샘플실이 본사에 없는 경우가 많대요.

충격적이었던 건 당시 그 글로벌 럭셔리 브랜드 본사가 있던 '패션 거점 도시'에 가죽 옷 샘플실이 딱 한 곳밖에 안 남았다는 거예요. 그 가죽 옷 샘플실은 이미 그 도시의 패션 스쿨 학생들의 졸업작품 제작이 밀려 있어서 도저히 스케줄상 이 럭셔리 브랜드의 가죽 옷을 만들어 줄 수가 없었대요.

강준: 와! 이건 정말 어이없는 사건이네요. 럭셔리 브랜드가 대학생 졸업작품에 밀린 거예요?

작가: 좀 어이없긴 하죠? 내가 그 브랜드는 왜 그렇게 계획성 없냐고 했더니, 이게 또 재밌더라고요?

옷을 디자인하는 디자이너가 패션쇼에 올라갈 옷을 선택하는 게 아니라 패션쇼 스타일리스트가 따로 있대요. 스타일리스트가 전체 패션쇼 구성을 하면서 추가로 필요한 디자인을 요청하기도 하는데…

당시 그 브랜드가 가을/겨울 패션쇼용으로 쓸만한 가죽 재킷을 디자인하지 않았대요. 그 브랜드의 주력상품이 아니라서요.

강준: 아! 그래도 가을/겨울에 가죽 재킷은 빼놓을 수가 없는데! 매출에 너무 치중했나 봐요.

작가: 친구 말로는 시기상 그럴 수밖에 없었을 거래요. 그때가 딱 미국발 금융 위기, 2008년 9월의 리먼 브라더스(Lehman Brothers) 사태가 터진 지 1년도 안 됐을 때니까요.

강준: 아… 그게 또 그렇게 이어지면 할 말이 없네요.

작가: 내 친구가 광분했던 이유는 좀 달라요. 이 사태가 터진 건, 패션 거점 도시라 불리며 여러 패션 브랜드 본사가 즐비하고 패션 스쿨이 넘쳐나는 그곳에서!
원가 운운하며 많은 생산 기지를 중국으로 돌렸기 때문이에요. 그러니 허울 좋은 패션 거점 도시라는 이름만 남고 가죽 옷 샘플실이 달랑 1곳 남았던 거죠.

강준: 헉! 그… 그렇네요?

작가: 자국에서 제조할 수 없다는 건 그런 거예요. 먹거리도 마찬가지에요! 지금 한국도 거의 대부분의 저가 식자재는 해외 수입에 의존하고 있잖아요. 이건 어떤 나라에서나 일어날 수 있는 일이에요.

강준: 네? 으아! 듣고 보니 그렇네요.

작가: 여기에 K를 붙이자면, 더하죠. 음식만큼 한 나라의 특징을 손쉽게 체험할 수 있는 게 있나요? 원가는 중요해요. K-food라도 원가 절감을 위해서 수입산이 필요하면 어쩔 수 없죠. 써야죠!

하지만 그런 만큼 자국 내 혹은 도시 내의 제조나 생산 여력과 상생하는 방법도 강구해야 해요. 그 점에서 먹거리 소비자로서 내가 할 수 있는 건 한국에서 생산하는 '좋은 먹거리 제품'을 만드는 브랜드를 소비하는 거였죠. 일부러 선물도 많이 하고요.

강준: (입맛을 다시며 메모할 준비를 하며) 그래서요. 작가님, 어떤 걸 선물하세요?

작가: 음~ 우선, 미식가에게 선물할 일이 있을 때는 '알마스 캐비아 브랜드'의 제품을 골라요.

**'알마스 캐비아(Almas Caviar) 브랜드'는 설립자인 한상훈 대표가 철갑상어를 죽이지 않고 알인 캐비아를 채취해서 파는 착한 브랜드예요. 철갑상어는 100년을 살 수 있는데 알 때문에 보통 일찍 죽게 되죠. 알마스 캐비아 브랜드는 대한민국 충주에 양식장이 있어요. 철갑상어가 민물에서 살거든요. 1970년까지는 한강에도 철갑상어가 살았고요.**

강준: 우와! 철갑상어가 알 때문에 죽는 줄을 몰랐어요! 저 캐비아 한 번도 안 먹어 봤는데 다음 생일에 제가 저한테 선물할래요.

작가: 네~ 한번 경험해 봐요. 그리고 나는 기분 좋은 홈파티나 외국인이 있는 자리에는 보통 두 곳의 한국 술을 사가요. 먼저.

'마한 오크(Mahan Oak)'는 오세용 대표가 우리 쌀로 만든 위스키 브랜드예요. 스마트 브루어리에서 '마한 오크'를 온라인 주문해서 가는데요. 오 대표는 삼성전자 반도체 부사장, SK하이닉스 '제조, 기술 부문' 대표를 맡았던 반도체 전문가예요. 마한오크 맛있어요. 난 일본 위스키, 중국 고도수 술보다 한국 술, 한국의 쌀로 만든 코리안 라이스 위스키가 많이 팔리면 좋겠어요. 맛도 좋고 가격도 참 좋아요. 강준 씨 나이대가 좋아하는 하이볼로 마셔도 좋고요.

강준: (검색해 보며) 오! 평도 좋고 가격도 진짜 위스키치고 착하네요. 먹어 봐야겠어요!

작가: 그리고…

'오미나라(Omynara)'는 여러 명주를 공부한 이종기 명인이 5가지 맛이 나는 걸로 유명한 한국의 오미자로 만든 주류 브랜드예요. 원래 한국 위스키를 오랫동안 만들던 뛰어난 분이에요. 오미나라에서는 오미자 와인인 '오미로제(오미자 와인)', 오미자 증류주로 '고운 달 백자', '고운 달 오크' 등을 만들고 계세요. 한식과 조화롭게 어울리고 육류 요리와도 정말 잘 어울려요.

강준: (홈페이지를 보며) 오미자로 만든 와인이라니 색다른데요? 여자 사람 친구한테 선물할 일 있을 때 해볼래요. 스마트 브루어리, 오미나라 두 곳 다 온라인으로 주문할 수 있다니 좋네요!

작가: 또, 캠핑이나 야외에서 돼지고기를 구워 먹을 일이 있을 때는 꼭 '난축맛돈'으로 주문해요.

'난축맛돈'은 '제주도에 있는 국립축산과학원 산하 난지 축산연구소에서 개발한 맛있는 돼지'라는 뜻이에요. 기존 돼지고기는 35% 정도가 구이용 부위인데, 그에 반해 난축맛돈은 구워 먹을 수 있는 부위가 더 많고 정말 맛있어요. 이게 가능한 건 돼지지만 마블링이 있거든요. 난축맛돈은 맛이 좋은 제주 재래 흑돼지와 성장이 빠른 랜드레이스 품종을 교배한 것으로 조인철 농업연구관이 개발했어요. 캠핑가서 난축맛돈 등심을 구워 먹으면! 크~ 정말 맛있어요.

강준: (침을 삼키며) 작가님, 맛있는 돼지고기라니 뭔가 점점 더 배가 고파지는 것 같아요.

작가: 아, 또 이거 먹을 때 '존 쿡 델리미트'의 소시지도 같이 구워 먹으면 진짜 맛있는데요.

'존 쿡(John Cook) 델리미트'는 에쓰푸드의 조성수 대표가 물려받아 2005년에 시작한 육가공 브랜드예요. 한국에서 하몽, 프로슈토 같은 서양식 샤퀴테리(Charcuterie-육가공) 문화를 본격적으로 소개한 브랜드죠. 팜 프레시 무브먼트(Farm Fresh Movement)라고 제품이 생산지부터 소비자에게 가는 과정을 건강하게 관리하는 운동을 하고 있어요. 샌드위치에 많이 올려 먹는 이탈리아 소시지인 살라미 뮤지엄도 운영하고 있죠. 맛있어요!

강준: 작가님, 저 지금 배고파서 현기증이 날 것 같아요.

작가: 이 브랜드만 이야기하고 저녁 먹으러 갑시다. 요즘 눈여겨보고 있는 브랜드예요.

'아머드 프레쉬(Armored Fresh)'라는 식물성 치즈 브랜드죠. 한국의 푸드테크 기업인데 현재 미국의 일부 학교에 급식용으로도 납품하고 있다고 해요. 오경아 대표가 이끌고 있고, 아몬드 우유를 발효한 공법으로 동물성 치즈의 풍미를 구현했다고 해요. 현재는 해외에 주력해서 유통하고 있는 것 같아요.

강준: 어! 저도 두유랑 아몬드 우유 좋아하는데… 그래서 작가님, 저희 저녁은 뭐 먹을까요?

작가: 하하하. 3층 가서 난축맛돈 등심이랑 존쿡 델리미트 킬바사 소시지 주문해 놓은 것 같이 구워 먹어요. 아! 마한 오크에서 나온 '청풍미향' 진(Gin)으로 하이볼 해서 같이 먹죠!

강준: 우와~ 고기에 하이볼이라니! 먹거리 브랜드 공부가 최고네요!

# 공허하지
# 않은

아이고, 머리야. 어제 박상림 작가님이랑 2차로 한국의 전통주를 종류별로 달린 후 3층에서 같이 잠이 들어 버렸다. 작가의 친구는 커피와 술이라더니 정말 그랬다. 작가님이 만들어 준 하이볼이 너무 맛있어서 오버해서 마셔 버렸다.

늦은 오후에 손님방에서 일어나 카페 아래에 있는 횟집에 전화해서 '곰칫국 포장'을 부탁드렸다. 샤워로 숙취를 씻어 내고 횟집에 들러 곰칫국을 가져왔다. 작가님을 깨우려고 방에 노크했더니 "그엥춘시… 나가아오" 하는 어눌한 목소리가 들렸다.
곰칫국을 놓으려 어질러진 식탁 위를 한쪽으로 치우다가 작가님이 메모한 글귀를 우연히 보았는데 칼릴 지브란이었다. 내심 작가님과 통하는 기분이 들어서 우쭐해졌다.

오늘은 느지막이 일어나 아무런 의미 있는 일도 하지 않았지만 공허하지 않은 평온한 하루다.

**나무들은**
**지구가 하늘에 쓰는 시(詩).**

**우리는**
**공허를 기록하기 위해 그들을 베어 내**
**종이로 만들었다.**

**─ 칼릴 지브란**

\* '20세기의 성경'이라 불리는 '예언자'를 집필한 아랍어를 쓰는 기독교인 작가. 예언자는 성경 다음으로 많이 팔린 책으로 기록되어 있다.

D-day 3

# 브랜드
# 경영 게임

D-3, 은해군에서 보내는 마지막 일요일.

아침부터 박 작가님과 함께 숙소에 들러서 짐을 싸고 다시 빈센츠 카페로 향했다. 어제 작가님과 이런저런 이야기를 하다가 내일부터 본가에 내려가기로 결정했기 때문이다.

브랜드 커피챗은 화상 회의 앱으로 해주시기로 했다. 그래서 체력 빼면 시체인 이강준이 월, 화, 수, 목을 본가에서 보내고 금, 토, 일은 서울에서 온전히 쉬다가 출근하기로 했다.

내가 작가님네 3층에서 밀린 빨래를 하고 건조기를 돌리는 사이 박상림 작가님은 컴퓨터 게임을 하고 계셨다.

232

집필 때문에 은해군에 오신 분이 이러니… 슬럼프인 걸까 싶어서 걱정이 됐다.


## ▮ Brand, coffee chat ▮

강준: 작가님, 무슨 게임을 하세요?


작가: 아~ 이건 내년에 개강하면 대학원생들과 해볼까, 싶어서 한번 해보는 중이에요. 한국 MBA, 외국 MBA에도 게임으로 경영 시뮬레이션을 수업에서 해요. 강준 씨, 구글링 해봐요.
'Capsim'. 이게 제일 기본적인 건데….


강준: (미심쩍은 듯) 네네. 'Capsim'.
(눈이 커지며) 어! 진짜 있네요? 그런데 작가님 구글 이미지 보니깐 이건 작가님 하시던 게임이랑 다른데요?


작가: 아! 캡심(www.capsim.com)은 이런 류의 시뮬레이션의 기본 같은 거라 먼저 보는 게 좋을 것 같아서요.
이 게임은 MBA 수업으로 전체 반을 팀별로 나눠서 경쟁시켜 시장 환경에서 어떻게 해야 살아남는지 시뮬레이션 해볼 수 있어요. 약간 제조 기업들의 각축장 같은 느낌이에요.

강준: 오! 어떤데요?

작가: (게임을 열어서 보여 주면서) 기업이 성장하는 시기마다 해야 할 것과 사지 말아야 할 게 있잖아요. R&D 같은 생산설비 투자를 줄여서 반짝 마케팅에 써서 브랜드 인지도가 올라도, 막상 매출이 궤도에 올랐을 때는 또 생산할 공장이 부족해서 매출이 안 나오죠.

제품의 판매가는 어떻게 할까요? 성능이 좋으면 비싸지는데 너무 비싸면 덜 팔릴 것이고 그렇다고 싸게만 팔면 손해가 나요. 그런데 소비자는 싸다고 꼭 사는 건 아니에요. 캡심은 품질과 가격의 균형을 시뮬레이션으로 배울 수 있어요. 그 외에 캡심에서는 주주 배당부터 세금 문제까지 실제 회사에서 분기별로 시스템으로 돌아가는 스케줄과 경영 방식도 배울 수 있죠.

강준: 아! (화면을 보며) 그렇네요!

작가: 캡심이 어떤지 분위기를 보려면…

아! 이게 좋겠네요. 유튜브로 캡심(Capsim)을 어떻게 하는지 보여 주는 튜토리얼(Tutorial) 계정이에요. 유튜버인 Capsim Mullens가 만든 건데 번역기를 돌려야 하긴 하지만 어떻게 해야 하는지 잘 설명해 줘요.

https://m.youtube.com/@capsimmullens5830/videos

**캡심**

강준: 음. 그럼 아까 작가님이 하시던 건 이런 경영 시뮬레이션의 진짜 게임 버전인가요?

작가: 아하!

내가 노트북으로 하던 거는 스타트업 대표 관점에서 혼자 해 볼 수 있는 '스타트업 컴퍼니(www.startupcompanygame.com)'라는 게임이에요.

캡심이 이미 어느 정도 기틀이 잡힌 사업으로 시작하는 분위기라면, 스타트업 컴퍼니는 실제 사업 초기에 해야 할 일들이 나와요.

강준: (게임을 보면서) 이건 정말 게임 같은데 이것도 경영 시뮬레이션인가요?

작가: 약간 TMI(Too Much Information) 같은 설명을 곁들이

자면, 이런 경영 시뮬레이션 장르를 타이쿤 게임(Taikun)이라고 해요. 일본어로 타이쿤은 장군을 지칭하는 말인데, 아무래도 일본이 게임 강국이다 보니 저런 식으로 명칭이 굳어졌나 봐요.

스타트업 컴퍼니는 창업 초기에 사무실을 어디로 하고, 뭘 들여놓을지 정하고, 직원의 연봉은 얼마로 할지 같은 것부터 세세하게 정해요. 내 제안보다 높은 임금을 요구하는 직원의 제안을 받아들일지 말지까지요. 실제 스타트업을 시작하고 성장할 때 일어날 법한 일을 게임으로 시뮬레이션해 볼 수 있어요.

강준: 아~ 캡심이랑은 확실히 다르네요. 하긴 기업에 속한 MBA 학생에게는 캡심이 맞겠지만, 창업을 염두에 둔 MBA 학생에게는 스타트업 컴퍼니가 맞을 것 같아요. 이것도 튜토리얼이 있나요?

작가: '스타트업 컴퍼니'는… 튜토리얼보다는 이 유튜브를 추천하고 싶어요. 버즈피드 멀티플레이어(BuzzFeed Multiplayer)라는 계정에 올라온 건데요. 실제 기업가 정신을 가르치는 교수님이 스타트업 컴퍼니 게임을 직접 플레이해 보는 과정을 보여 주죠.

강준: 오! 재밌을 것 같아요.

작가: 게임은 어쨌든 시뮬레이션이라서 실제 일하는 것과 창업과는 차이가 있어요. 하지만 그래도 브랜드가 성장하고 기업화

https://m.youtube.com/watch?v=1i0Cqksa46k

**스타트업 컴퍼니**

될지 가상으로나마 큰 그림을 그려 볼 수 있어요. 이 게임을 만든 호브가드 게임(Hovgaard Games)은 타이쿤 게임을 주로 만들어요. 카페를 운영하는 게임도 있고, 진지하지만 캐주얼하게 해볼 만한 타이쿤 게임이 많아요.

참! 강준 씨, 혹시 '억만장자 파헤치기(Undercover Billionaire)' 본 적 있어요?

강준: 아니요? 처음 들어요.

작가: '억만장자 파헤치기(Undercover Billionaire)'는 리얼리티 TV 시리즈예요. 1963년생인 글렌 스턴스(Glenn Stearns)가 나오는데 그는 자수성가한 미국의 억만장자 사업가예요. 2019년에 글렌이 영세한 환경에서도 다시 창업할 수 있는가를 보여 주는 리얼리티 프로그램인데 많은 생각이 들게 해요.

강준: 어떤 면에서요?

작가: 만약 내가 50대 후반에 연고도 없는 도시에 가서 손에 쥔 거라곤 단돈 100달러, 낡은 트럭 1대, 공기계 상태의 핸드폰 1 대뿐이라면… 내가 글렌처럼 할 수 있을까? 90일 만에 100만 달러 규모의 사업을 만들 수 있을까?
　게임도 리얼리티 TV 시리즈도 현실의 창업이나 사업과는 천지 차이에요. 하지만 '쟤는 안 돼도 나는 될 거다'라는 어줍잖은 마음가짐 따위를 날려 버리긴 딱 좋아요.
　유튜브 링크 줄 테니 봐봐요.

강준: 으아. 오늘은 캡사이신 듬뿍 마라 맛 브랜딩이네요.

https://m.youtube.com/watch?v=-iykrh20Jzo&list=PLWdJp7tAwMwSKQ_
NblVXnpVfFZUo40ocI

억만장자 파헤치기

# 누뱅크와 샤이놀라
# 그리고 에르메스

D-2. 은해군의 마지막 날.

은해군을 떠나는 날의 아침이 밝아 왔다. 작가님과 빈센츠 카
페에서 해가 뜨는 바다를 보며 커피를 내려 마시고 카페를 나섰다.
함께 은해군의 버스 터미널에 가서 햄버거 세트를 든든히 먹고 홀
로 버스에 올라탔다. 고향으로 내려가는 버스 안에서 '억만장자 파
헤치기'를 1.5배 속으로 독파했다.

4시간 남짓 걸려서 본가에 도착했지만, 부모님은 두 분 다 출
근하셔서 텅 빈 고향집에 혼자 비밀번호를 누르고 들어갔다. 점심
으로 라면을 한 그릇 끓여 먹고 부모님과 박 작가님에게 잘 도착했
다는 메시지를 보내곤 소파에서 살포시 잠이 들었다.

뺨을 때리는 노을 빛에 눈을 뜨니 늦은 오후였다.

카페가 끝날 무렵이라 브랜드 커피챗을 하자며 작가님께 메시지를 보냈다.


## Brand, online chat

작가: 강준 씨, 얼굴이…

강준: 하하. 집에 오자마자 라면 먹고 바로 잠이 들어서요.

작가: 아~ 피곤했나 봐요.

강준: 버스 안에서 '억만장자 파헤치기'를 끝까지 봤거든요.. 작가님! 저 궁금한 게 있어요.

작가: 피곤할 만하네요. 뭐가 궁금한데요?

강준: 작가님의 원픽(One-Pick) 브랜드는 뭐예요?
만약에 교수님을 안 했다면 '이런 브랜드를 창업해야지' 싶은 그런 브랜드요. 이런저런 이야기는 다 했는데, 작가님의 원픽 브랜드를 모르더라고요.

작가: 아…

그런 브랜드라면, 투픽(Two-Pick)이 있어요.

강준: 오! 뭐예요?

작가: 한 나라의 고질적인 문제점을 해결한 누뱅크(NuBank),
한 도시를 다시 끌어올린 샤이놀라(Shinola)요.

강준: 와! 둘 다 처음 들어요!

작가: 누뱅크(NuBank)는 브라질의 고질적인 문제를 해결한
디지털 뱅킹 브랜드예요. 창업자인 데이비드 발레즈(David Velez)
는 콜롬비아에서 태어났지만, 마약 전쟁 때문에 코스타리카로 이
주해요.
　이후 미국 스탠퍼드 대학에서 공학을 전공하고 모건 스탠리
(Morgan Stanley)를 거쳐 벤처 캐피털(VC) 회사인 제너럴 애틀랜
틱(General Atlantic)에서 사모펀드 투자를 시작했죠. 그리고 세쿼
이아 캐피털(Sequoia) 벤처의 캐피털리스트로 일하면서 라틴 아메
리카의 금융의 가능성에 눈을 뜨죠.

강준: 아… 콜롬비아 마약 전쟁은 들어봤어요. 완전 엄친안데
요? 고향에 금의환향하려고 중남미에 관심을 가진 건가요?

작가: 아니요! 철저한 시장 자료를 바탕으로 본 거예요.

발레즈의 포춘지 인터뷰를 보면 당시 브라질의 상위 10대 기업 중의 5개가 은행, 멕시코의 가장 큰 기업도 은행, 콜롬비아의 가장 큰 기업도 은행이었대요. 시장 규모가 엄청났던 거죠.

강준: 그러면 소위 말하는 레드오션 아닌가요?

작가: 여기까지 들으면 그런데 실상은 아니었어요. 그러니 누뱅크가 성공했죠. 발레즈는 퇴사하고 금융 창업을 하러 브라질로 이주해요. 금융 분야에서 브라질 은행 사업은 전 세계에서 가장 높은 이자율, 가장 높은 수익성 비율, 경기가 좋든 나쁘든 꾸준히 성장하는 산업이었기 때문이죠. 그리고 브라질에서 외국인으로서 은행 계좌를 개설하면서 엄청난 경험을 하게 돼요. 브라질 치안이 좋지 않다 보니 그가 은행에 갔을 때는 방탄으로 된 문 안으로 들어가서 무장 경찰의 호위를 받으며 1시간을 기다려야 했대요. 안내를 받으려고요. 그리고도 그 지점을 대여섯 번 방문해야 했고 5달을 기다려서야 은행 계좌를 개설할 수 있었죠.

강준: 와! 아무리 외국인이라지만… 5개월은 좀 심한데요? 그래도 브라질 은행이 잘 된다는 게 어이가 없어요.

작가: 그래서 발레즈는 누뱅크라는 디지털 뱅킹 브랜드를 창

업해요. 이런 문제를 겪지 않고 누구나 계좌를 개설할 수 있도록요. 물론 외국인이라서 동업을 할 사람을 찾아야 했고, 무수히 많은 사람이 '원래 그래'라며 그를 말렸죠. 원래 좋은 것이라면 지켜야겠지만, '원래 그래'로 혜택을 누릴 수 없는 부분이 있다면 그건 비즈니스 포인트죠.

강준: 아! '원래 그래'의 허점을 파고들 필요가 있겠네요. 토스 때문에 핀테크 이야기를 한참 들었었는데 왜 누뱅크는 몰랐는지…

작가: 한국은 미국에 좀 편증된 경향이 있어요. 개인적인 의견이지만, 스타트업 시장의 미국식 복제가 잘 될 때도 있지만 그렇지 않을 때도 많아요.

패션 하는 친구 말을 예로 들자면 지금 하이 패션계를 좌지우지하는 디자이너는 영국 학교 출신이 강세래요. 그전에는 벨기에 학교였고요. 우리가 유럽 쪽을 몰라서 그렇지 여전히 프랑스 학교와 이탈리아 학교 출신들이 대거 하이 패션계의 좋은 포지션에 있다고 해요. 누뱅크가 미국 회사였다면 한국에선 더 이슈가 되었을 거예요.

강준: 그러고 보니 그렇네요.

작가: 한국도 그런 경향이 있지만 누뱅크를 시작할 당시 브라

질도 그랬나 봐요. 브라질의 아마존, 브라질의 우버를 내세운 브랜드들이 여럿이었던 거죠. 미국과 브라질의 소비자가 브랜드에 기대하는 게 다를 수 있는데도요. 다른 나라의 시스템만 그대로 가져오는 거로 문제를 타파하고 시장을 장악하긴 어렵죠.

쿠팡의 새벽 배송에 우리가 이끌린 건 미국의 아마존과는 다른 한국식 물류 혁명이기 때문이죠. 나라마다 필요한 게 있잖아요?

강준: 맞아요. 제가 브라질에 산다면 누뱅크를 이용할 것 같아요. 혹시 샤이놀라도 이런 케이스인가요?

작가: 샤이놀라(Shinola)는 좀 달라요. 한국에서는 '시놀라'라고 더 많이 부르는 이 브랜드는 창업자의 스타일부터가 완전히 달라요. 샤이놀라의 창업자는 톰 카트소티스(Tom Kartsotis)인데, 바로 파슬(Fossil)이란 시계 브랜드의 창업자예요.

강준: 오! 저 파슬 알아요. 그럼, 샤이놀라도 시계예요?

작가: 맞아요. 톰은 파슬이란 브랜드로 돈을 벌고 여러 브랜드의 시계를 만들어 주면서 모은 돈으로 샤이놀라를 창업해요. 이렇게 보면 하던 걸 이어서 하는 것 같지만, 톰은 파슬과 달리 샤이놀라 시계의 가격대를 높여서 럭셔리하게 가요.

그리고 샤이놀라에 가장 미국스러운 것과 가장 미국이 감추고 싶은 것을 한데 모아 넣죠.

강준: 그게 무슨 말이에요? 작가님?

작가: 샤이놀라는 미국식 제조업, 미국식 럭셔리의 부활을 염두에 둔 듯해요. 샤이놀라 자체가 20세기 때 미국인들이 즐겨 쓰던, 지금은 사라진 구두약 이름이거든요.

강준: 구두약을 손목에 찬다는 상상이 좀… (검색을 해보며) 샤이놀라 시계가 평균 몇백 만 원대인데 굳이 왜 비싼 시계를 만들면서 구두약 이름으로 한 거죠? 이건 좀 납득이 안 돼요.

작가: 샤이놀라는 'You don't know shit from Shinola'라는 말이 있을 정도로 미국인들의 기억에도 또 사전에도 남아 있는 '미국식 향수'를 불러일으키는 브랜드 이름이거든요.

강준: 약간 'You don't know shit about it'처럼 "너 아무것도 모르잖아", 이런 의미인가요?

작가: 맞아요. 음~ 좀 더 직접적으로 말하면 당시 구두약이 똥 색이었대요. 그래서 구두 광을 내면서 똥으로 광을 내는지 샤이놀라 구두약으로 광을 내는지도 모르는 사람이라는 의미로 쓴 거죠.

강준: 아하하하. 완전히 이해했어요. 쎈데요? 기억에 남을 만한 '워딩'이긴 한데 이게 왜 미국의 향수를 불러일으킨다는 거죠?

작가: 강준 씨, 구두닦이 분한테 구두 광택 내본 적 없죠? 과거의 향수인데 당시 구두에 광을 매일 내는 사람은 성공한 비즈니스맨이었대요. 매일 누군가를 접대하고 엄청난 계약을 성사시키는 이들은 과거에 신발에 파리가 낙상할 정도의 광을 내었다고 해요.

강준: 아! 운동화 신고 출근을 하는 저랑은 너무 다른데요.

작가: 강준 씨, 나도 운동화 신고 강의하러 가요. 음~ 샤이놀라는 은유적인 브랜드 이름인 거죠. 이런 거예요. "어떻게 샤이놀라를 모를 수가 있어? 샤이놀라로 구두 광을 내는 비즈니스맨들의 황금기처럼! 다시 능력 있는 미국인의 손목에 채울 럭셔리한 Made in 미국의 시계가 바로 나, 샤이놀라야!" 하고 말이에요.

샤이놀라는 미국 제조업의 산지인 디트로이트 제너럴 모터스(GM) 리서치 랩이 있던 건물에서 시작해요. 그리고 자동차를 조립하던 기술자들에게 시계 조립을 가르쳐서 샤이놀라를 만들게 하죠. 물론 그들을 가르쳐 줄 숙련된 시계 기술자는 다 스위스에서 모셔 왔고요.

그렇게 샤이놀라 디트로이트(Shinola Detroit)가 되죠.

강준: 작가님, 제가 자동차 부품 회사를 다녀서 그럴 수도 있지만, 제너럴 모터스(GM)와 럭셔리는 약간 좀 매치가 안 돼요.

Made in 디트로이트의 메리트도요. 디트로이트는 쇠락한 도시인데….

작가: 강준 씨, 허먼 밀러(Herman Miller)라고 알아요?

강준: 어! 그거 우리 사장님 의자예요! 엄청 비싸잖아요. 사무용 의자계에 에르메스라던데요.

작가: 맞아요. 그 허먼 밀러가 디트로이트에 있어요.

대중에게 잘 알려지지 않았지만, 디트로이트가 있는 미시간주에는 GM, 포드(Ford), 크라이슬러(Chrysler)가 있고 미국의 백색가전 회사로 유명한 월풀(Whirlpool)도 있어요. 또 허먼 밀러 말고도 오피스 가구로 손꼽히는 스틸케이스(Steelcase)와 헤이워드(Hayward)도 있어요.

수많은 산업디자이너가 디트로이트에서 일하고 살면서 미국식 고급 제품을 만드는 데 일조하고 있죠. 그래서 유네스코가 디자인 도시(UNESCO city of Design)로 선정한 곳이 디트로이트예요. 물론, 디트로이트는 한때 포브스가 뽑은 미국에서 가장 비참한 도시 1위였어요. 치안도 좋지 못해서 미국의 온갖 콘텐츠의 디스토피아적 배경으로 디트로이트가 나오죠.

그럼에도 불구하고 샤이놀라가 이런 디트로이트에서 고급 럭셔리 시계 브랜드를 창업했다는 건 시사하는 바가 묵직해요.

강준: 와… '샤이놀라 디트로이트'라는 브랜드 이름에 꽤나 많은 의미가 담겨 있네요?

작가: 미국에서 샤이놀라가 들어선 제너럴 모터스(GM)의 리서치 랩 건물의 상징성도 자동차 공장에서 일하던 기술자들을 채용한 게 주는 의미는 미국 제조업의 시동을 걸겠다는 거예요.
디트로이트의 재건이라는 의미 부여도 가능하죠. 덕분에 샤이놀라는 버락 오바마, 빌 클린턴이 직접 차고 홍보하는 '대통령의 시계'라는 타이틀도 거머쥐게 되죠.

강준: 이야! 뭔가 멋져요.

작가: 사실 '그때는 맞고 지금은 틀리다'처럼 샤이놀라의 성공에 이런저런 부정적인 말도 있긴 해요. 그럼 '다른 이들은 미국식 향수와 미국식 럭셔리를 위해서 또는 디트로이트를 위해서 무엇을 했냐'라고 나는 반문하고 싶어요.
일이 다 성공하고 나서 이러쿵저러쿵하는 건 어렵지 않아요. 그런데 누군가 헛된 모래성이라고 한 것을 도면 삼아 진짜 아성을 만드는 건 어려운 일이거든요.

그걸 해냈다는 점에서 나는 샤이놀라가 브랜드 이름부터 본사의 설정까지 어떤 맥락을 이끌어 냈는지 브랜드를 배울 때 알아야 한다고 생각해요.

강준: 그렇네요! 작가님, 그럼 누뱅크과 샤이놀라를 이렇게 정리해도 될까요?

'원래 그래'의 허점에서 어떻게 비즈니스를 창출하는지는 누뱅크(NuBank)에서 배우고, 브랜드의 '맥락'은 샤이놀라(Shinola)의 브랜드 위치 선정과 인력 수급 방법으로 배워라. 이렇게요?

작가: 강준 씨는 역시 정리를 잘 하네요.

강준: 이게 다 브랜드 커피챗에서 박상림 작가님에게 배운 덕분이죠!

작가: 강준 씨 이제 능글 맞은 말도 잘하네요.

아! 그런데 말하다 보니깐 생각이 났는데… 하나 더 직접 브랜드 관리에 참여해 보고 싶은 곳이 있어요.

강준: 어떤 브랜드인데요?

작가: 에르메스요. 전에 기사를 하나 봤는데, 현재 에르메스 회

장인 악셀 뒤마(Axel Dumas)가 이런 말을 했다고 하더라고요.

**"(에르메스의)**
**세일즈 실적이 나쁠 수는 있어도,**
**(에르메스가)**
**나쁜 제품을 만들 수는 없다."**

강준: 와! 진짜 느낌 있는데요?

작가: 회장이 저런 말을 할 수 있는 브랜드는 어떻게 브랜드 관리를 할지 무척 궁금해요. 에르메스의 CEO나 CMO(Chief Marketing Officer)가 돼서 한 번쯤 럭셔리의 브랜드 관리를 경험해 보고 싶어요.

강준: 저도요! 솔직히 누뱅크와 샤이놀라의 브랜드 관리 방법보다 에르메스가 어떻게 브랜드 관리를 할지 진짜 궁금해요.

작가: 그렇죠? (장난치듯이) 만약 내가 에르메스의 프랑스 본사에 CMO로 가게 된다면 강준 씨도 추천할게요.

강준: (크게 웃으면서) 작가님만 믿습니다!

D-day 1

# 브랜드의
# 씨뿌리기

D-1.

오늘은 박상림 작가님과 하는 마지막 브랜드 커피챗을 온라인으로 하는 날이다. 마지막이란 생각을 하니 나를 왜 빈센츠 카페에 바리스타로 뽑고 브랜드 커피챗에 응해 주셨는지 궁금해졌다.

브랜드 커피챗을 하기로 한 시간에 맞춰서 화상 회의 앱을 켜고 작가님에게 여쭤보았다.

강준: 작가님, 벌써 브랜드 커피챗의 마지막 날이네요… 마지막 날이니깐 진짜 궁금한 거 한 가지만 여쭤볼게요.

작가님! 은해군에서 처음 본 저를 왜 덜컥 빈센츠 카페의 바리스타로 뽑으셨어요? 브랜드 커피챗도 해주시고요.

작가: 아~ 음… 좋은 청년 같아서요.

강준: 네에? 그걸 어떻게 아세요?

작가: 강준 씨가 팔이 다친 어머니를 도와준 것도 그렇고, 그날 들이닥친 손님을 위해서 커피도 직접 내려 줬잖아요. 내가 부탁도 안 했는데도요. 바리스타 자격증이 있다지만 쉬러 온 곳에서 선뜻 해주긴 쉽진 않죠.

그리고 '브랜드 베스트셀러'는 나온 지 5년이 넘은 책인데 봤다고 하니 강준 씨는 대학생 때부터 진짜 브랜드에 관심이 있었다는 거죠. 그래서 강준 씨와 브랜드 커피챗을 해보고 싶었어요.

강준: 아!

작가: 브랜드에 관심이 큰 착한 청년이 내 일도 도와준다는데 어떤 작가와 교수가 거절해요? 아무런 허물 없이 20대 회사원의 생각을 들을 기회인데요? 또, 당돌하게 만화를 보라는 배짱도, 쿠키까지 구워 주는 너그러움도 좋았고요. 내가 카페에 못 나갈 때도 흔쾌히 카페를 맡아서 해준다는 걸 보고 동료라는 느낌도 들었고요.

강준: 그래도요! 제가 사기꾼이면 어쩌시려고 그런 것만 보고 믿으셨어요?

작가: 강준 씨, 진짜 사기꾼은 입 안에 혀처럼 굴고, 내 주변 모두를 나쁜 사람인 것처럼 가스라이팅을 한답니다. 자기만 믿으라고 하고요.

강준: 그래요?

작가: 내가 강준 씨를 보고 좋은 사람이라고 판단한 것처럼 많은 이들이 사람을 볼 때 일상의 됨됨이를 봐요.
대학원 입학 면접부터, 각종 심사까지 내가 얼마나 많은 강준 씨 나이 또래의 친구들을 보겠어요. 강준 씨는 참 좋은 청년이에요. 해장국도 챙겨 주는 센스 만점 친구고요!

강준: 아하하! 그건 제가 살려고…

또 하룻밤 작가님네에서 신세도 졌는데 어떻게 혼자 먹어요.

작가: 그래요. 강준 씨의 그런 면이 나 정도 나이만 돼도 다 보인다는 거예요. 이건 나만 그런 게 아니고 벤처 투자하는 분들도 하는 말이에요. 이 인터뷰 글을 봐요.

**거창한 포부보다는 일상의 태도를 본다.**
**사람의 몸과 입에서 나오는 작은 것은 본인도 모르게 새어 나온다.**

**별거 아닌 것 같지만,**
**창업자가 회사를 운영하면서 직원들을 어떻게 대하고,**
**투자자를 어떻게 대하고,**
**나중에 채용할 때 어떤 방식으로 대하는지 유추할 수 있다.**

— **배기홍 스트롱벤처스 대표**
(플래텀(Platum)의 2023년 '프라이머 데모데이' 기사 中)

강준: 아. 그렇네요.
그래도, 작가님 같은 어른은 많지 않은 것 같아요.

작가: 음~ 한국에 진짜 트인 생각과 따듯한 마음을 가진 대단한 어른도 많아요. 강준 씨, 재기중소기업개발원(www.jaegi.org)

이라고 있어요. MS 그룹의 전원태 회장님이 자비로 2011년에 경상남도에 있는 섬, 죽도에 세웠고요. 현재는 중소기업청 공익재단 법인으로 운영하는 곳이에요. 지금은 기부금도 받고요.

한국에서 창업한 기업은 5년 이내에 3곳 중에 절반 정도가 폐업한다는 말이 있어요. 여긴 그런 사업가들이 재기할 수 있게 '재도전 힐링캠프'를 운영해요. 전액 무료예요. 죽도의 재기중소기업개발원 연수원에서 2주간 20명이 합숙하면서 재기 준비를 하게 돼요. 이 연수원에 다녀온 분 중에 절반 이상이 재기했다고 해요.

강준: 우와!

작가: 제조업체 운영하는 분들은 심적으로는 휴가도 제대로 없어요. 공장이 멈춰도 돈은 계속 나가니까요.

지금처럼 경기가 안 좋아지면 타격도 어마어마 해요. 재기연수원을 세운 전 회장님은 40년이 넘게 기업인으로 살아오셨고, 이런저런 어려움도 겪어 보셔서 누구보다 제조업에 종사하는 대표들의 문제를 잘 아시는 분이세요. 나는 이분의 재기에 대한 인터뷰 발언이 참 좋더라고요. 이렇게 말씀하셨어요.

**큰 어려움이 왔을 때는**
**정말 딱 한 달, 안 되면 일주일이라도**
**혼자 지내면서 좋은 공기 마시고 생각을 정리하고 싶더라고요.**

집에 있다고 당장 돈 생길 구멍이 나는 것도 아니고,

집안 분위기는 험악하고, 상황은 더 나빠지기만 하거든요.

그런데 망한 사람이 갈 곳이 어디 있습니까.

괜히 관광지나 시골에 머물겠다고 찾아갔다가

사기나 안 당하면 다행이지요.

떠날 돈도 없고요.

그런 사람들을 위해 만든 게 죽도 연수원입니다.

(중략)


망한 사람들에겐 공통점이 있어요. 출발이 엉성했던 것입니다.

(중략)

근데 문제는 기업이 망하면 혼자 망하는 게 아니라는 겁니다.

은행 돈과 세금이 날아가는 것도 문제고,

그동안 친지 친구들 돈까지 다 끌어오다 보니 가정도

인간관계도 다 망가집니다.

재기할 수 있는 사람들이 수렁으로 떨어지면서

결국 심각한 사회문제로 발전하게 되지요. (중략)

저의 작은 움직임을 시작으로

대한민국 가장들을 구제하는 시스템이 마련됐으면 합니다.

— 전원태. MS 그룹 회장

(월간 조선 2012년 인터뷰 中)

강준: 진짜 해보고 겪어 본 분만 할 수 있는 뼈가 서린 인터뷰 네요.

작가: 그렇죠. 냉철하지만 유연한 '진짜' 사업가가 한국에는 많아요. 나는요. 나를 거쳐 간 학생이나 내 책을 읽는 독자에게 그런 '진짜'가 될 수 있는 씨를 뿌리는 교수이자 작가가 되고 싶어요. 비록 나는 사업을 해보진 않았지만요. 고흐의 '씨 뿌리는 사람(The Sower)'처럼요.

강준: 아! 뭔지 알 것 같아요.
음? 씨 뿌리는 사람, 이 제목 뭔가 익숙한데… 고흐 그림이에요?

작가: 강준 씨가 생각하는 그림은 밀레의 '씨 뿌리는 사람(The Sower)'일 거예요. 만종으로도 유명한 장 프랑수아 밀레(Jean François Millet)!

강준: 맞아요. 농촌을 주로 그리는 밀레.
음? 그러면 고흐는요?

작가: 고흐가 밀레의 그림을 모작했어요. 고흐가 밀레를 무척 좋아했거든요. 한국식 제목은 똑같지만, 영문으로 보면 고흐의 '씨 뿌리는 사람(The Sower, Arles)'은 뒤에 아를(Arles), 고흐가 머물

며 그림을 많이 그렸던 지역의 이름이 붙어요.

강준: 아! 그리고 보니 저도 어릴 적에 좋아하는 캐릭터를 따라 그렸던 기억이 나요. 작가님, 그런데 왜 굳이 원작도 아니고 '모작'이에요?

작가: '모작'을 좋아한다니 뭔가 이상하죠?
하지만 내가 브랜드를 연구하는 것도 고흐의 모작과 비슷해요. 나는 브랜드를 운영하지도 않으면서, 새롭거나 개성 있는 브랜드를 조사하고 분석해서 결론을 도출해 내니까요. 나는 브랜드를 연구하는 게 좋아요. 좋은 브랜드를 학교 수업에서 책에서 알리면서 나만의 방식으로 '세상에 이렇게 멋지고 매력적인 브랜드가 많아요!'라고 족적을 남기는 거예요. 브랜드가 원작이라면, 브랜드를 알리는 나의 글은 '모작'인 거죠.

강준: …

작가: 모방은 창조의 어머니라는 말처럼, 고흐의 '씨 뿌리는 사람'은 밀레의 어두운 느낌과는 다르게 그렸어요. '씨 뿌리는 사람'을 밀레는 차분한 톤으로 그렸다면, 고흐는 '해바라기' 같은 밝은 황금빛 태양을 등지고 농부가 씨를 뿌리는 걸로 그렸어요.
그래서 밝고 열정적이고 희망적인 분위기가 감돌아요.

강준: (그림을 검색해 보며) 와! 정말 달라요.

작가: 내가 브랜드를 알리기 위해 뿌리는 씨가 학생이나 독자 또 강준 씨에게 수파리(守破離)가 되었으면 하기도 하고요. 고흐가 밀레와는 전혀 다른 자신만의 '씨 뿌리는 사람(The Sower, Arles)'을 수파리로 그려 낸 것처럼요.

강준: 수파리요?

작가: 수파리(守破離)는 검도의 배움 단계를 부르는 말이에요.
수는 지킬 수(守), 스승이 가르쳐 준 것을 착실하게 배우는 거죠.
파는 깨트릴 파(破), 스승을 벗어나 다른 여러 곳에서 배워 보는 거예요.
리는 떠날 리(離), 배웠던 것을 떠나 자신만의 방법을 개척하는 것을 말해요.

강준: 아! 작가님한테 배우고 또 다른 곳에서도 배워서, 진정 자신만의 새 기틀을 만들어 성장하라는 거죠?

작가: 맞아요.

강준: (시무룩한 표정으로) …

작가: 하하! 벌써 하산(下山)하란 소린 아니에요.

강준 씨, 올해는 내가 매주 금요일에는 서울에 있는 학교의 내 연구실에 있을 거예요. 낮에는 대학원생들 논문 봐주고, 저녁에는 개인 연구나 책을 집필을 할 예정이에요. 그러니깐 금요일에 회사 마치고 시간 나면 와요. 나의 커피 선생님을 위한 특혜입니다.

강준: 정말요? 저 바로 갈래요.

이번 주 금요일에 서울에 있는 작가님 학교 연구실로 갈게요.

작가: 그래요.

잘 쉬고 서울에서 은해군에서처럼 봐요.

박상림 작가와 이강준 주임의 브랜드 커피챗에는 D-0, D-day는 오지 않았다.

서울에서 이어질 이들의 브랜드 커피챗은 여전히 예멘 모카 마타리처럼 진하고, 은해군의 물빛처럼 소소한 듯 빛날 것이다.

우리가 멘토에게 원하는 것은

우리를 진정으로 아끼고

우리의 관심사를 신경을 써주는 멘토이다.

단지, 자신의 관심사만 생각하는 멘토가 아니다.


그러니, 멘토가 될만한 (귀한) 사람을 만났을 때,

(멘티인) 당신과 함께 보내는 시간이 가치 있다는 것을

먼저 멘토에게 보여 줘라.


— 비벡 와드와

(Vivek Wadhwa)


\* 인도계 미국인으로 기업가이며 카네기멜론대학교 공과대학 석좌교수이다. 비벡은 「타임스」가 선정한 '첨단 기술 분야의 영향력 있는 40인'에 선정된 바 있으며, 국제관계 전문지 「포린폴리시」가 뽑은 '세계 100대 사상가'이기도 하다.

## 씨 뿌리는 사람

The Sower, Arles, 1888
빈센트 반 고흐(Vincent van Gogh)

고흐가 모작한 밀레의 작품은 여럿이라고 전해진다.
고흐는 씨 뿌리는 사람을 주제로 30개의 드로잉과 작품을 남긴 것으로 알려져 있다.

그중에서도 이 작품은 정 중앙의 찬란한 태양과 푸른 밭의 색감이 아름답고
희망적이고 평화로운 느낌까지 풍긴다.

아름다운 아를(Arles)에서 고흐는 같은 화가인 폴 고갱과 함께 그림을 그렸다.
안타깝게도 너무 달랐던 둘의 불화로 고흐는 귀를 자르게 되고
정신병원에 입원했다.
현재 정신병원은 '반 고흐의 장소(Espace Van Gogh)'란 이름의
지역 문화시설이 되었다.

이어질 날

# 웹소설처럼 만들고
# 에르메스처럼 팔다

"아하…

이 일을 어쩐다?

꿈같은 곳에서 만난
멘토와 멘티를 그려 버렸네?"

브랜드 책이지만 소설의 형식을 빌리다 보니 은해군, 빈센츠 카페, 이강준, 박상림은 어딘가 있을 법한 존재가 아니라, 사람들이 한 번쯤 꿈꿔 보는 곳에서 우연히 만난 멘토와 멘티의 환상 같은 모습을 담게 되었다. 마치 파리(Paris)처럼.

이어질 날
263

젊은 시절 한때를 파리에서 보낼 수 있는 행운이
그대에게 따라 준다면,
파리는 '움직이는 축제(A Moveable Feast)'처럼
평생 당신 곁에 머물 것이다.

**내게 파리가 그랬던 것처럼.**

어니스트 헤밍웨이(Ernest Hemingway)가 7년을 파리에서 살고
그 시절을 회고하며 남긴 말이다. 패션에 뿌리를 두고 있다 보니 파리
는 내게 어니스트 헤밍웨이의 회고와 같은 환상의 도시였다. 파리에
가기 전까지 프랑스 사람과 비즈니스를 해보기 전까지는 말이다.

일본에는 파리 증후군(Paris syndrome)이라는 말이 있다고 한
다. 일본인들이 실제로 파리에 가보고 상상과 다른 파리에 충격을 받
고 실망한 것을 일컫는 말이다. 나는 파리가 그럴 법한 곳이란 데 적
극 동의한다. 그런데 멘토와 멘티도 그렇다.

멘토의 탈은 쓴 사기꾼이 멘티인 젊은이들과 친분을 쌓은 뒤에
이용해 먹었다는 이야기는 쉽게 들을 수 있다. 멘티 또한 멘토의 뒤
통수를 치는 경우가 생각보다 많다.

그럼, 브랜드를 논하며 상상 속에나 존재하는 아름다운 파리 같
은 '은해군'과 꿈에나 존재할 법한 멘티 이강준, 멘토 박상림을 내세
웠을까?

진짜와 가짜, 프로와 아마추어의 경계가 모호한 요즘에 '진또배기'를 정석으로 말하는 건 더 거짓말 같기 때문이다. 그래서 멘토와 멘티가 나오는 가상의 도시에서 브랜드 사례를 녹여 내었다. 그들은 거짓말과 같은 가짜지만 그들이 나눈 브랜드 이야기는 다 진짜다.

하얀 거짓말처럼 진짜를 더 잘 전달하기 위해서 가짜를 섞어서 본질보다 더 진짜 같은 메시지를 주고 싶었다.

청취지어람이청어람, 빙수위지이한어수처럼.

순자의 '권학(勸學) 편'에는 청취지어람이청어람(青取之於藍而青於藍) 빙수위지이한어수(氷水爲之而寒於水)라는 말이 나온다. 쪽풀에서 빼내어 만든 파란 물감이 쪽풀보다 푸르다. 얼음은 물로 만들어지지만 물보다 더 차갑다. 브랜드는 사람의 욕망과 필요를 자극해서 본디 물건 값 그 자체보다 더 비싼 값을 치르고 사게 만든다.

**본래(쪽풀, 물)의 값은 중요하지 않다.**
**브랜드(파란물감, 얼음)로 만들어진 후의 가치가 더 중요하다.**

팔려야만 가치가 있는 브랜드의 본질을 소설 형식으로 소개하기 위해서 모든 브랜드 사례는 진짜 같은 이강준의 욕망과 박상림의 필요에 전제해서 선별했다.

이강준은 20대, 박상림은 40대이다. 막 사회의 일원이 된 청년과 고학력의 중년 엘리트라는 범주는 생각보다 브랜드를 선별하기 좋은 조건이었다. 걱정이 있었다면, 둘의 캐릭터가 조금 지루할 수도 있다는 것이었다.

그래서 공대 출신 회사원과 경영대 교수님의 브로맨스에 흥미를 위해 박 작가의 패션 하는 친구를 간간히 MSG처럼 넣었다. 그 친구에는 저자의 일부가 투영되게 됐다.

어쩌면 그래서 웹소설처럼 만들고, 에르메스처럼 팔라는 말을 할 수 있었는지도 모른다. 고작 100원이면 한 편 볼 수 있는 웹소설을 어떻게 1,000만 원짜리 에르메스 버킨백처럼 팔 수 있을까? 하지만, 그런 일이 일어나고 있다. 웹소설은 한편에 고작 100원이지만, 그것을 몇만 명이 넘게 본다.

소비자는 온라인 구독, 랜탈 사업, 중고 판매, 월세에 익숙해지면서 점차 브랜드와 브랜드 서비스를 '소유'하지 않는 환경에 익숙해지고 있다. 그런데도 아직 대부분의 브랜드는 고객에게 브랜드를 소유하게 만들어야 하는 처지에 놓여 있다.

이런 시대일수록 파리 증후군이라는 소리가 나올지언정, 쪽풀보다 푸른 물감처럼 파리와 같은 환상을, 본질과 브랜드 가치만큼 무게를 두어 브랜드를 그려 내어 팔 줄도 알아야 한다. 파리가 완벽하지 않은 것처럼 브랜드도 완벽할 필요가 없다.

이 책의 실린 브랜드 사례는 읽는 사람에 따라 100원짜리도 되고 1,000만 원짜리도 될 것이다. 극과 극은 통한다니 어설픈 중간보다는 나을 것이다.

글을 마무리하며, 못된 어른과 미성숙한 청춘들 때문에 상처받은 이들이 있다며, 무해한 힐링 콘텐츠처럼 이 글이 그 나쁜 기억이 만든 감정을 휘발시켜 주길 빈다.

이 책을 읽는 이들에게 은해군, 빈센츠 카페, 이강준, 박상림 같은 인연이 브랜드를 배우고 운영하고 만들어 내는 사이사이에 존재하길 바란다.

**브랜드는**
**녹진하게 마음을 풀어 주는 힐링도 되고**
**날카로운 감각에 베인 흉터처럼 이성의 뇌리에 남아야,**

**100원짜리 웹소설처럼 만들어도**
**1,000만원짜리 에르메스처럼 팔 수 있다.**

## 웹소설처럼 만들고
## 에르메스처럼 팔다
세상에서 가장 쉬운 브랜드 수업

**글** 박소현
**발행일** 2024년 11월 30일 초판 1쇄

**발행처** 다반
**발행인** 노승현
**출판등록** 제2011-08호(2011년 1월 20일)
**주소** 서울특별시 마포구 양화로81 H스퀘어 320호
**전화** 02-868-4979 **팩스** 02-868-4978

**이메일** davanbook@naver.com
**홈페이지** davanbook.modoo.at

ⓒ 2024, 박소현

**ISBN** 979-11-94267-04-1 03320